Mi nombre _____
Dirección _____
_____
Teléfono _____
Correo electrónico _____

MI GRUPO

Nombre_____ Nombre_____
Dirección_____ Dirección_____
Ciudad_____ Estado _____ Ciudad_____ Estado _____
Codigo postal _____Teléfono ____ Codigo postal _____Teléfono ____
Correo electrónico _____ Correo electrónico _____

Nombre_____ Nombre_____
Dirección_____ Dirección_____
Ciudad_____ Estado _____ Ciudad_____ Estado _____
Codigo postal _____Teléfono ____ Codigo postal _____Teléfono ____
Correo electrónico _____ Correo electrónico _____

Nombre_____ Nombre_____
Dirección_____ Dirección_____
Ciudad_____ Estado _____ Ciudad_____ Estado _____
Codigo postal _____Teléfono ____ Codigo postal _____Teléfono ____
Correo electrónico _____ Correo electrónico _____

Nombre_____ Nombre_____
Dirección_____ Dirección_____
Ciudad_____ Estado _____ Ciudad_____ Estado _____
Codigo postal _____Teléfono ____ Codigo postal _____Teléfono ____
Correo electrónico _____ Correo electrónico _____

Querido compañero de equipo:

En tus manos tienes un poderoso material. Es el plan de juego de Dios para tu vida, y es lo único que necesitas para competir. Dedicar tiempo a leer la Biblia ha transformado mi vida, ¡y también puede transformar la tuya!

El lema de la FCA es **LEVÁNTATE**, y se basa en Josué 1:9. *Ya te lo he ordenado: ¡Sé fuerte y valiente! ¡No tengas miedo ni te desanimes! Porque el SEÑOR tu Dios te acompañará dondequiera que vayas.*

Todo deportista alguna vez en su carrera tendrá que enfrentar desafíos y luchar. Ponerse a la altura de las circunstancias. Ocupar su lugar en el campo de juego. Levantarse cuando se cae o lo derrotan. Enfrentar los desafíos unidos como equipo. Se requiere fuerza, valor y compromiso para enfrentarlos, rendir al máximo y aprender de la experiencia.

Sin embargo, no necesitas hacerlo solo. Nuestro Dios promete estar con nosotros. Jesucristo te dará las fuerzas y el valor para vivir tu fe en el deporte que practicas y producir un impacto positivo para Él. Solo tienes que confiar y seguir a tu Entrenador, Jesucristo. Puedes hacerlo. Dios está contigo. **¡Levántate!**

Es hora de estudiar a fondo la Palabra de Dios y aprender a vivir como un campeón para el Señor. Estudia mucho y enfrenta el desafío de vivir para Jesucristo.

¡Arriba! ¡Enfrenta el desafío!

Les Steckel
Presidente y director ejecutivo de la FCA

LEVÁNTATE \\ NOTAS DE ESTUDIO DE LA BIBLIA DEL DEPORTISTA 2016

(Notas e introducciones a los pasajes, calentamientos grupales, estudios sobre atletas e índices)
Copyright © 2016 por Holman Bible Publishers Nashville, Tennessee. Todos los derechos reservados.

FCA Group Meetings [Reuniones grupales de la FCA], Training Time [Tiempo de entrenamiento],
More Than Winning [Más que ganar] y The Starting Line [La línea de partida]
Copyright © 2005-2016 por Fellowship of Christian Athletes.

ISBN: 978-1-4336-5069-7

Publicado originalmente en inglés como material suplementario de Rise// the Athlete's Bible 2016 NLT™,
© 2016 por Holman Bible Publishers.

Las citas bíblicas se tomaron de la Nueva Versión Internacional, © 1999 por la Sociedad Bíblica Internacional.
Usadas con permiso.

Traducción al español: Cecilia Romanenghi

El material extrabíblico no refleja, necesariamente, la opinión de Holman Bible Publishers.

El uso de la marca registrada para el ofrecimiento de bienes o servicios requiere el consentimiento previo por escrito de Bíblica.

COLABORADORES

Equipo editorial y de redacción de LifeWay:
Ricky King, Jeremy Howard, R. David Bennett (autor de «Calentamientos» y «Estudios para atletas»), y Chad Bonham (autor de «Reuniones»), Ben Colter (director y editor del proyecto de texto bíblico), Kathy Bence, Greg Benoit, Steve Bond, LeAnne Constantine, Marilyn Duncan, Sarah Gant, John Glynn, Reischa Feuerbacher, Katharine Harris, Sarah Hogg, George Knight, Derek Leman, Keith Madsen, Dan McArthur, Bethany McShurley, Lloyd Mullens, Joe Snider y Cathy Tardif.

Fraternidad de atletas cristianos:
Dan Britton, Jeff Martin, Shea Vailes, Jordan Barnes, y los autores de «Tiempo de entrenamiento»: David Vailes, Clay Elliott, Sarah Roberts, Roger Lipe, Steve Beckerle, Amy Elrod, Donna Noonan, Jimmy Page, Charles Gee, Adrienne Saxon, Rex Stump, Rick Randazzo, Amanda Tewksbury,
Kerry O'Neill y Dan Britton.

Diseño y maquetación:
Scott Richards de Scott Richards Design (portada), Dawn Wyse y Jade Novak (tipografía e interior).

TABLA DE CONTENIDO

CÓMO USAR ESTE LIBRO 6	DISEÑA UNA REUNIÓN 8

TEMAS DE LA VIDA

CONCIENCIA 11	PROBLEMAS 15
RELACIONES INTERPERSONALES 12	CRISIS 16
DECISIONES 13	CONVICCIONES 17
ESTRÉS 14	DISCIPULADO 18

TEMAS DE DEPORTISTAS

ASPECTOS BÁSICOS 19	ENTRENAMIENTO 22
COMPETICIÓN 20	DESEMPEÑO 23
TRABAJO EN EQUIPO 21	PLAN DE JUEGO 24

ÍNDICE DE 150 HISTORIAS BÍBLICAS FAVORITAS 25

SECCIONES ROTULADAS

REUNIONES DE LA FCA 1-4	30	MÁS QUE GANAR	189
TIEMPO DE ENTRENAMIENTO	54	LA LÍNEA DE PARTIDA	197
PRECALENTAMIENTOS	90	CÓMO PARTICIPAR EN LA FCA	224
ESTUDIOS PARA DEPORTISTAS	139		

INTRO

CÓMO USAR ESTE LIBRO
PARA DEPORTISTAS DE LA FCA

¿QUÉ TIENE DE ESPECIAL ESTE LIBRO?

Este libro está diseñado especialmente para estudiantes, con muchas preguntas para debate y entrenamientos que ayudarán a los deportistas estudiantes y a los entrenadores a compartir cada aspecto de sus vidas en el contexto de la Palabra revelada de Dios y de la iluminación y el poder del Espíritu Santo.

¿SE PUEDE USAR ESTE LIBRO EN FORMA GRUPAL?

¡Hay muchas maneras de usar este libro! Para empezar, mira los planes de estudio listos para usar en las páginas 11-24. Aquí encontrarás 330 temas relevantes, agrupados en 14 categorías (8 de vida y 6 de deportistas). Cuando elijas un tema de las primeras 8 categorías, lo único que tendrás que hacer es decidir qué «entrenamiento» usar. En las páginas 25-27 encontrarás «150 historias bíblicas favoritas» para estudiar.

TEMAS DE LA VIDA: DECISIONES

Tema	Precalentamiento	Referencia
EVITAR LOS PROBLEMAS	Sin bajar los brazos (p. 113)	Marcos 6:14–29 Efesios 5:1–21
EL PELIGRO DE LA DESOBEDIENCIA	No meterse en problemas (p. 102)	Números 13:26–14:45 Apocalipsis 14:1–15:8
TENSIONES FAMILIARES	Perfil personal (p. 107)	Génesis 21:1–21 Efesios 6:1–4
ENCONTRAR LA FORTALEZA DE DIOS	Decisión amigable (p. 119)	Jueces 16:21–31 Corintios 7:1–40
IR POR TU CAMINO	Reglas: ¿Cumplir, manipular o romper? (p. 137)	Jueces 14:1–20 Apocalipsis 2:1–3:22
BUENAS Y MALAS INFLUENCIAS	Bajo la influencia (p. 106)	Marcos 2:1–12 Romanos 12:1–8
LA LUJURIA Y LA PUREZA SEXUAL	Esquiva a Juan (p. 130)	2 Samuel 11:1–27 1 Tesalonicenses 4:1–12
EL DINERO Y LAS RIQUEZAS	¿Amigo o enemigo de la salud? (p. 99)	Lucas 12:13–21 1 Timoteo 6:3–21
LAS MOTIVACIONES Y LAS DECISIONES	Me gusta o me encanta (p. 103)	1 Samuel 8:1–22 Romanos 8:1–17
ARRIESGAR TODO	Caminata (p. 110)	Ester 2:1–18 Filipenses 3:1–11
BUSCAR LA GUÍA DE DIOS	Respuesta de emergencia (p. 122)	Éxodo 2:1–25 Santiago 4:13–17
HACERSE RESPONSABLE	¿Escucho cincuenta? (p. 119)	Jonás 2:1–3:10 2 Tesalonicenses 3:6–15
DECISIONES DIFÍCILES	¿Preferirías...? (p. 128)	Josué 5:13–6:21 Corintios 8:1–13
LO QUE TE CONTROLA	Alarmante (p. 114)	Marcos 10:17–31 Romanos 6:15–23
DONDE ESTÁ TU CORAZÓN	En un dilema (p. 111)	Lucas 12:22–34 1 Pedro 4:1–11

CÓMO USAR ESTE LIBRO
PARA DEPORTISTAS DE LA FCA

¿CÓMO PUEDE NUESTRO GRUPO UTILIZAR LA SECCIÓN DE PRECALENTAMIENTOS (PÁGINAS 87-138)?

La sección de «Precalentamientos» tiene muchos entrenamientos diseñados para dar comienzo a las reuniones. Contiene entrenamientos de afirmación tanto divertidos como serios, y pueden usarse para cerrar una reunión o evento especial. Todos estos «precalentamientos» están integrados a los planes de estudio en las páginas 11-24.

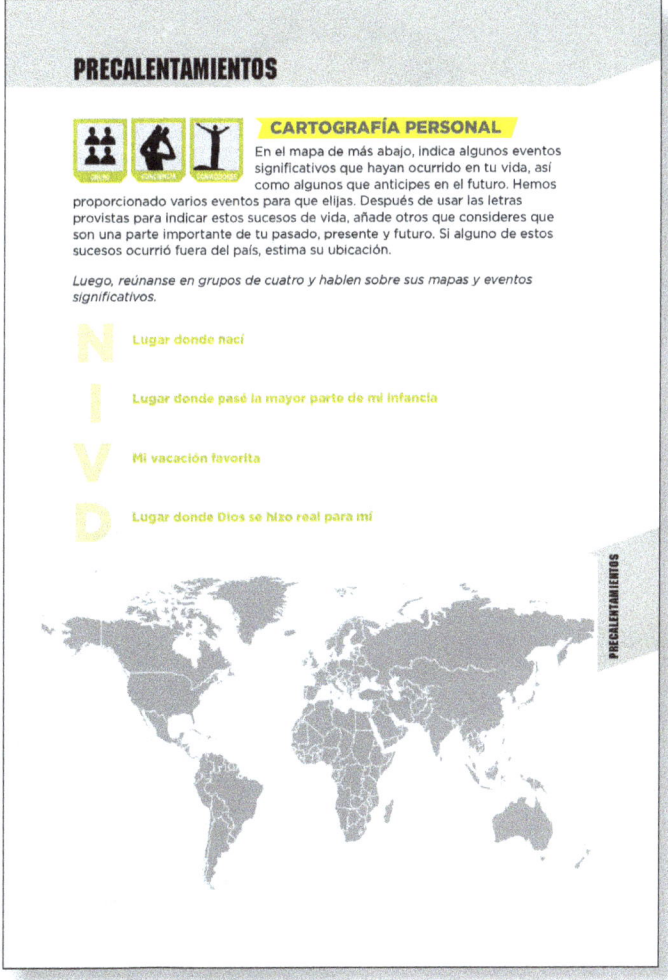

JOSUÉ 1:9
LEVÁNTATE

DISEÑA UNA REUNIÓN

TEMAS DE LA VIDA

	CONCIENCIA	11
	RELACIONES INTERPERSONALES	12
	DECISIONES	13
	ESTRÉS	14
	PROBLEMAS	15
	CRISIS	16
	CONVICCIONES	17
	DISCIPULADO	18

TEMAS DE DEPORTISTAS

	ASPECTOS BÁSICOS	19
	COMPETICIÓN	20
	TRABAJO EN EQUIPO	21
	ENTRENAMIENTO	22
	DESEMPEÑO	23
	PLAN DE JUEGO	24

ESTUDIOS DE HISTORIAS BÍBLICAS

ESTUDIOS DEL ANTIGUO TESTAMENTO	25
ESTUDIOS DEL NUEVO TESTAMENTO	26

CUATRO PASOS PARA
DISEÑAR UNA EXCELENTE REUNIÓN

BIENVENIDA
○ Comienza la reunión con un saludo y anuncios.

PRECALENTAMIENTO
○ Elige una actividad que le permita a las personas interactuar entre ellas.

Las actividades de precalentamiento se encuentran en la sección «Temas de la vida» (pp. 11-18), bajo «Precalentamiento», y las preguntas clave usadas para los precalentamientos aparecen en la sección «Temas de deportistas» (pp. 19-24), bajo «Precalentamiento/Entrenamiento».

ENTRENAMIENTO
○ Escoge entre los estudios bíblicos enlistados en las páginas 25 a 27. Este será el componente de crecimiento espiritual de la reunión.

CONCLUSIÓN
○ Termina la reunión con los comentarios finales, y luego oren en grupo.

TEMAS DE LA VIDA: CONCIENCIA

Tema	Precalentamiento	Referencia
CÓMO ESTAR AGRADECIDO Y CONTENTO	Sueños y pesadillas (p. 132)	Lucas 17:11-19 Filipenses 4:10-20
CONFIANZA Y PODER	Quizás. Quizás no (p. 111)	Hechos 2:1-24, 36-41 1 Juan 5:1-15
CONECTARSE CON DIOS	El lugar es lo más importante (p. 119)	Lucas 2:41-52 Efesios 1:3-14
GLORIFICAR A DIOS	Seguridad (p. 125)	Juan 4:1-26 1 Pedro 2:4-12
LA GUÍA Y LOS PROPÓSITOS DE DIOS	Cartografía personal (p. 93)	Éxodo 3:1-2 1 Corintios 2:6-16
AMOR EN ACCIÓN	Bien o mal (p. 116)	Hechos 2:42-47 1 Juan 2:28-3:10
LA SALVACIÓN AHORA Y PARA SIEMPRE	Nivel avanzado (p. 98)	Lucas 19:1-10 Apocalipsis 18:1–19:10
PERMANECER FIRME	Carrera a futuro (p. 137)	Marcos 11:12-19 1 Corintios 4:1-21
ÉXITO EN LA VIDA	Para poner en práctica (p. 96)	1 Reyes 10:23–11:13 Hebreos 4:1-13
LO PRINCIPAL	Diez mil dólares (p. 137)	Lucas 7:36-50 Romanos 14:1–15:13
USAR NUESTRAS BENDICIONES	¡Gracias! (p. 112)	Josué 3:14–4:24 2 Corintios 8:1-15
CAMINAR CON DIOS	El trabajo de tu vida (p. 108)	Salmos 139 Juan 8:12-20
PUNTOS FUERTES Y DÉBILES	El mejor (p. 124)	Jueces 16:1-22 Filipenses 1:1-11
EN EL INTERIOR	Testamento vital (p. 117)	1 Samuel 16:1-13 Santiago 2:1-13
EL ESTADO DE TU CORAZÓN	¡Lo tengo! (p. 133)	Éxodo 6:28-7:24 Hebreos 3:1-19

TEMAS DE LA VIDA: RELACIONES INTERPERSONALES

Tema	Precalentamiento	Referencia
ACEPTACIÓN	Similitudes (p. 95)	Hechos 10:1-23 Romanos 2:1-16
ENOJO, ODIO O AMOR	Piénsalo (p. 115)	Génesis 4:1-16 1 Juan 2:7-14
PREOCUPARSE Y AYUDAR	Usar lo que tengo (p. 124)	Hechos 3:1-16 Gálatas 5:1-15
CUIDADO AL CONFIAR	Calcular el total (p. 103)	Génesis 37:12-36 Santiago 4:1-12
ELEGIR AMIGOS	¿Quién es tu compañero? (p. 113)	Hechos 9:1-19 3 Juan 1-14
EL NOVIAZGO Y EL MATRIMONIO	Perfil personal (p. 108)	Génesis 29:1-14 Efesios 5:22-33
EL PERDÓN	Caminata (p. 111)	Lucas 15:11-32 Filemón 1-25
LLEVARSE BIEN	Chequeo (p. 131)	Génesis 45:1-28 Colosenses 3:1-25
AYUDAR AL NECESITADO	Casi abrumado (p. 106)	Lucas 10:25-37 2 Juan 1-13
EL AMOR EN ACCIÓN	Bien o mal (p. 116)	1 Corintios 13:1-13 Santiago 1:19-27
MISERICORDIA O CASTIGO	Crisis evitada (p. 136)	Mateo 18:21-35 Romanos 9:1-29
EL ROMANCE Y EL MATRIMONIO	El trabajo de tu vida (p. 108)	Cantares 1:1-27 1 Pedro 3:1-7
EL SERVICIO ABNEGADO	Sin bajar los brazos (p. 114)	Juan 2:1-11 Romanos 13:8-14
ESTABLECER LÍMITES	Lo mejor (p. 102)	Hechos 15:36-41 2 Corintios 6:14-7:1
COMPARTIR EL AMOR DE DIOS	Bajo la influencia (p. 107)	Hechos 8:26-40 1 Juan 3:11-24

TEMAS DE LA VIDA: DECISIONES

Tema	Precalentamiento	Referencia
EVITAR LOS PROBLEMAS	Sin bajar los brazos (p. 114)	Marcos 6:14-29 Efesios 5:1-21
EL PELIGRO DE LA DESOBEDIENCIA	No meterse en problemas (p. 103)	Números 13:26–14:45 Apocalipsis 14:1–15:8
TENSIONES FAMILIARES	Perfil personal (p. 108)	Génesis 21:1-21 Efesios 6:1-4
ENCONTRAR LA FORTALEZA DE DIOS	Decisión amigable (p. 120)	Jueces 16:21-31 Corintios 7:1-40
IR POR TU CAMINO	Reglas: ¿Cumplir, manipularr o romper? (p. 138)	Jueces 14:1-20 Apocalipsis 2:1–3:22
BUENAS Y MALAS INFLUENCIAS	Bajo la influencia (p. 107)	Marcos 2:1-12 Romanos 12:1-8
LA LUJURIA Y LA PUREZA SEXUAL	Esquiva a Juan (p. 131)	2 Samuel 11:1-27 1 Tesalonicenses 4:1-12
EL DINERO Y LAS RIQUEZAS	¿Amigo o enemigo de la salud? (p. 100)	Lucas 12:13-21 1 Timoteo 6:3-21
LAS MOTIVACIONES Y LAS DECISIONES	Me gusta o me encanta (p. 104)	1 Samuel 8:1-22 Romanos 8:1-17
ARRIESGAR TODO	Caminata (p. 111)	Ester 2:1-18 Filipenses 3:1-11
BUSCAR LA GUÍA DE DIOS	Respuesta de emergencia (p. 123)	Éxodo 2:1-25 Santiago 4:13-17
HACERSE RESPONSABLE	¿Escucho cincuenta? (p. 120)	Jonás 2:1–3:10 2 Tesalonicenses 3:6-15
DECISIONES DIFÍCILES	¿Preferirías…? (p. 129)	Josué 5:13–6:21 Corintios 8:1-13
LO QUE TE CONTROLA	Alarmante (p. 115)	Marcos 10:17-31 Romanos 6:15-23
DONDE ESTÁ TU CORAZÓN	En un dilema (p. 112)	Lucas 12:22-34 1 Pedro 4:1-11

TEMAS DE LA VIDA: ESTRÉS

Tema	Precalentamiento	Referencia
PEDIRLE AYUDA A DIOS	Aventura salvaje (p. 107)	2 Reyes 5:1-16 Salmos 17
LA ACTITUD EN LAS PRUEBA	Tú decides (p. 95)	Éxodo 16:1-35 2 Corintios 6:3-13
AUDACIA AL ORAR	Náufrago (p. 128)	Mateo 14:22-33 Hebreos 10:19-39
LA TRAICIÓN Y LA TRAMPA DEL PECADO	Asuntos familiares (p. 91)	Mateo 26:47-56 Gálatas 4:8-20
TAREAS DIFÍCILES O INTIMIDANTE	Con los nervios de punta (p. 94)	Éxodo 4:1-17 Efesios 3:14-21
CÓMO ENCONTRAR GOZO EN LAS PRUEBAS	Bien o mal (p. 116)	Hechos 16:22-40 Filipenses 4:2-9
SEGUIR A DIOS CUANDO ES DIFÍCIL	Caso cerrado (p. 100)	Lucas 1:26-38 2 Corintios 13:1-14
INSEGURIDAD Y TEMORE	Máximo impacto (p. 99)	Marcos 4:35-41 1 Juan 4:7-21
DIOS TIENE EL CONTROL	Usar lo que tengo (p. 124)	2 Reyes 6:8-23 Romanos 5:1-11
PERSECUCIÓN Y ESPERANZA	Ganar. Perder. Empatar (p. 92)	Daniel 3:1-12, 19-27 Romanos 8:28-39
RECONECTARSE CON DIOS	Buenos momentos (p. 123)	Jonás 1:1-17 2 Corintios 5:11-6:2
EL RESENTIMIENTO	Penal (p. 135)	Mateo 20:1-16 Hebreos 12:14-29
VER LA MANO DE DIOS	Tiempo de prueba (p. 92)	Hechos 16:6-10 Efesios 1:15-23
CONFIAR EN DIOS	Contactos de emergencia (p. 97)	Éxodo 14:5-31 Santiago 5:7-20
LA PREOCUPACIÓN Y LA ANSIEDAD	Pasan cosas malas (p. 127)	Mateo 6:25-34 Lucas 10:38-42

TEMAS DE LA VIDA: PROBLEMAS

Tema	Precalentamiento	Referencia
CUIDAR LA CREACIÓN Y A LAS PERSONAS	Buenos momentos (p. 123)	Génesis 2:4-25 Gálatas 2:1-10
LAS SECTAS Y EL ANTICRISTO	Evaluación de camaradería (p. 118)	Hechos 19:23-41 1 Juan 4:1-6
LAS SECTAS, LO OCULTO Y LOS FALSOS PROFETAS	La mejor opción (p. 122)	Hechos 13:1-12 Gálatas 1:1-10
SEGUIR A DIOS O REBELARSE	Escuchar voces (p. 105)	1 Samuel 20:1-42 2 Pedro 1:1-11
DAR FRENTE A EXTORSIONAR	Para poner en práctica (p. 96)	Hechos 5:1-11 2 Corintios 8:16–9:5
¿QUÉ JESÚS?	Protagonismo (p. 133)	Mateo 13:1-23 Hebreos 7:1-28
ORDEN Y CAOS	Contactos de emergencia (p. 97)	Génesis 8:1-22 1 Corintios 14:26-40
OBEDIENCIA RADICAL	Tú decides (p. 95)	Génesis 12:1-9 Mateo 5:27-30
LA VIOLACIÓN Y EL SEXO	Persecución automovilística (p. 99)	2 Samuel 13:1-22 1 Corintios 6:12-20
CÓMO RESPONDER A LOS FALSOS MAESTROS	Jesús y yo (p. 127)	1 Reyes 18:16-40 1 Timoteo 1:1-11
LOS ROLES EN LA SOCIEDAD	Piénsalo (p. 115)	1 Samuel 24:1-22 1 Corintios 11:2-16
NORMAS SEXUALES	Tiempo suspendido (p. 138)	Génesis 39:1-23 1 Corintios 5:1-13
DECIR LO QUE UNO PIENSA SIN JUZGAR	Carrera a futuro (p. 137)	Samuel 3:1-14 1 Corintios 6:1-11
EL SUICIDIO Y EL DIVORCIO	Sueños y pesadillas (p. 132)	1 Samuel 31:1-13 Mateo 19:1-12
LOS POBRES Y NECESITADOS	Bien o mal (p. 116)	Mateo 25:31-46 1 Timoteo 5:1– 6:2

TEMAS DE LA VIDA: CRISIS

Tema	Precalentamiento	Referencia
ACUSACIONES Y PERSECUCIÓN	Persecución automovilística (p. 99)	Daniel 6:1-24 1 Tesalonicenses 2:1-16
ESCOGER UN BANDO	Casi abrumado (p. 106)	Lucas 19:28-44 Apocalipsis 19:11–20:10
RESISTENCIA Y PODER	El Sr. Cara de Papa se volvió loco (p. 104)	Juan 11:17-44 1 Pedro 2:13-25
ENFRENTAR NUESTROS PECADOS	Crisis evitada (p. 136)	Juan 8:1-11 2 Corintios 7:2-16
FRACASO Y GRACIA	Pasan cosas malas (p. 127)	Génesis 18:16-33 1 Timoteo 1:12-20
DIOS NOS RESCATA	Contactos de emergencia (p. 97)	Salmos 46:1-11 Hechos 12:1-19
EL PODER Y EL CONSUELO DE DIOS	Con los nervios de punta (p. 94)	Juan 9:1-15, 24-34 2 Corintios 1:3-11
EL PODER Y LA PROTECCIÓN DE JESÚS	Medir tus sentimientos (p. 128)	Juan 20:1-18 Apocalipsis 6:1–7:17
OPOSICIÓN Y VICTORIA	Quizás. Quizás no. (p. 111)	Lucas 8:26-39 Filipenses 1:12-30
PERSEVERANCIA Y FE	Asuntos familiares (p. 91)	Marcos 5:24-34 Santiago 1:2-18
SUFRIR COMO JESÚS	Bien o mal (p. 116)	Mateo 27:26-31 1 Pedro 4:12-19
TRAGEDIAS, SOLEDAD Y CONFIAR EN DIOS	Náufrago (p. 128)	Job 1:6-22 2 Timoteo 4:9-18
CONFIANZA Y ESPERANZA	Hora de decidirse (p. 110)	Romanos 8:18-27 2 Corintios 4:1-18
PREOCUPACIÓN Y FALTA DE FE	Tratamiento de emergencia (p. 101)	Marcos 9:14-29 1 Pedro 5:1-11
SABIDURÍA EN LAS CRISIS	Máximo impacto (p. 99)	1 Reyes 3:16-28 1 Juan 1:5–2:6

JOSUÉ 1:9

TEMAS DE LA VIDA: CONVICCIONES

Tema	Precalentamiento	Referencia
ACEPTAR LA INVITACIÓN	Todo tuyo (p. 91)	Lucas 14:15-24 Apocalipsis 22:7-21
CREER LA EVIDENCIA	2050 (p. 134)	Juan 20:24-31 2 Corintios 3:7-18
ACEPTAR LA GRACIA DE DIOS	Categorías ganadoras (p. 121)	Lucas 24:13-35 Gálatas 3:1-14
EL MAL ENTRA EN EL PARAÍSO	¿Escucho cincuenta? (p. 120)	Génesis 3:1-24 2 Corintios 11:1-15
EXPERIMENTAR A JESÚS	Charla de autos (p. 119)	Mateo 1:18-25 Efesios 2:1-10
DESTINO FINAL	En el camino (p. 130)	Lucas 16:19-31 Apocalipsis 20:11–21:8
EL PRIMER ADÁN Y EL ADÁN PERFECTO	Juego nuevo (p. 126)	Génesis 1:1-2:3 Hebreos 4:14–5:10
EL JUICIO FUTURO	Caso cerrado (p. 100)	Mateo 3:1-17 Apocalipsis 12:1–13:18
JESÚS VENCIÓ A LA MUERTE	Jesús y yo (p. 127)	Mateo 28:1-20 1 Corintios 15:35-58
EL PROPÓSITO PRINCIPAL DE JESÚS	Esquiva a Juan (p. 131)	Lucas 2:1-20 Romanos 5:12-21
JESÚS: EL ÚNICO CAMINO	Evaluación de camaradería (p. 118)	Juan 3:1-21 Gálatas 3:15-26
JESÚS VICTORIOSO	Sin duda alguna (p. 90)	Lucas 23:26-49 Apocalipsis 4:1–5:14
PREPARARSE PARA EL REGRESO DE JESÚS	Alarmante (p. 115)	Mateo 25:1-13 1 Tesalonicenses 4:13–5:11
SACRIFICIO POR NOSOTROS	En un dilema (p. 112)	Isaías 52:13–53:12 Marcos 15:1-15
EL VALOR DE TU ALMA	Para ti (p. 96)	Mateo 16:13-28 Romanos 11:1-36

TEMAS DE LA VIDA: DISCIPULADO

Tema	Precalentamiento	Referencia
AUTORIDAD	Sin bajar los brazos (p. 114)	Marcos 12:13-17 Gálatas 4:21-31
RECIBIR EL PODER DEL ESPÍRITU	Caso cerrado (p. 100)	Juan 14:15-27 Hechos 1:1-11
CONECTARSE CON DIOS	Testamento vital (p. 117)	Marcos 9:2-13 Romanos 15:14-33
DAR CON GENEROSIDAD	Para poner en práctica (p. 96)	Marcos 12:41-44 2 Corintios 9:6-15
EL CUIDADO DE DIOS POR NOSOTROS	Nivel avanzado (p. 98)	Salmos 23:1-6 Marcos 3:20-35
VIVIR POR FE	Ganar. Perder. Empatar. (p. 92)	Juan 21:1-14 Romanos 1:8-17
AMAR A DIOS Y SERVIRLO	Sin duda alguna (p. 90)	Mateo 25:14-30 1 Juan 2:15-27
AGRADAR A DIOS	Infusión divina (p. 134)	Proverbios 3:1-8 Marcos 6:30-44
EVALUARSE A UNO MISMO Y ACUDIR A DIOS	Calcular el total (p. 103)	2 Samuel 12:1-14 1 Corintios 11:17-34
SERVIR A OTROS; BUENAS OBRAS	Usar lo que tengo (p. 124)	Hechos 6:1-7 Santiago 2:14-26
COMPARTIR A CRISTO	Charla de autos (p. 119)	Hechos 9:20-31 Romanos 1:1-7
BATALLAS ESPIRITUALES Y EL PECADO	Como Cristo (p. 109)	Lucas 22:54-62 2 Corintios 10:1-18
LA TENTACIÓN Y EL PECADO	Asuntos familiares (p. 91)	Lucas 4:1-13 Romanos 6:1-14
EL COSTO DE SEGUIR A JESÚS	Me gusta o me encanta (p. 104)	Lucas 5:1-11 Lucas 14:25-35
TIEMPO CON DIOS (ORACIÓN)	Aventura salvaje (p. 107)	Mateo 6:5-18 Marcos 1:29-39

JOSUÉ 1:9

TEMAS DE DEPORTISTAS: ASPECTOS BÁSICOS

Tema	Precalentamiento	Referencia
AMOR COMO EL DE CRISTO	Cortar por lo sano (p. 143)	2 Timoteo 2:15-16; 22-26
UN CORAZÓN PARA CRISTO	¿Tienes corazón? (p. 145)	Colosenses 3:23-24
LA DISCIPLINA DE DIOS	Respetar al referí (p. 146)	Hebreos 1 2:11-13
EL MENSAJE DEL EVANGELIO	No solo un cartel en las gradas (p. 145)	Juan 3:16
NO DECAER CUANDO LA VIDA SE COMPLICA	LECCCIONES DE LA DERROTA (p. 142)	Salmos 51:1-19
LAS DECISIONES DE ISRAEL	Alcanza tu potencial (p. 142)	Efesios 1:3-14
CAMINAR CON DIOS	Hazlo por Él (p. 147)	Salmos 1 05:4
JOSÉ Y LA ESPOSA DE POTIFAR	En sus marcas. Listos. (p. 141)	Josué 2:1-24
LA PARÁBOLA DE LOS TALENTOS	Alcanza tu Potencial (p. 142)	Efesios 1:3-14
RESISTENCIA	Fanáticos en las gradas (p. 144)	Hebreos 12:1-2
PREPARACIÓN	Hazlo por él (p. 147)	Salmos 105:4
DADOR DE VIDA	Evita al aguafiestas (p. 140)	Juan 10:10
LA CONQUISTA DE JERICÓ	Cíñete al plan (p. 147)	Josué 6:1-21
HONRAR A LOS DEMÁS	Establecer un estándar (p. 141)	Romanos 12:9-21
LOS JUSTOS Y LOS MALVADOS	Malvado (p. 148)	Malaquías 3:13-4:3

TEMAS DE DEPORTISTAS: COMPETICIÓN

Tema	Precalentamiento	Referencia
CONOCE LA VERDAD	Más fuerte que las palabras (p.154)	Salmos 119:69-70
SERVIR A DIOS CON ENTUSIASMO	Lo importante es cómo juegas (p. 150)	Colosenses 3:23-24
EL ÉXITO DE DAVID	Gigantes (p.156)	1 Samuel 17:20-24; 31-51
CON SINCERIDAD ANTE DIOS	Sin trampas (p. 153)	Proverbios 12:13, 17
LA QUEJA DE ISRAEL	Celebra (p. 150)	Números 14:1-35
AFRONTAR EL TEMOR	¿Cómo estás? (p. 152)	Isaías 41:10
RESPETO, PIEDAD Y FE	Conocer la competencia (p. 151)	1 Timoteo 6:1-16
IMITAR A CRISTO	Jugar como nunca (p. 151)	Efesios 5:1-10
UN CORAZÓN CORRECTO	Más que un sentimiento (p. 153)	Mateo 15:18-19 Proverbios 28:26 Jeremías 17:9
COMPARTIR LA LUZ DEL EVANGELIO	Dejarse ganar (p. 155)	2 Corintios 4:1-6
PERSEVERANCIA	¿Está bien que los cristianos compitan? (p. 152)	2 Timoteo 2:3-11
EL CONCILIO DE JERUSALÉN	De igual a igual (p. 156)	Génesis 32:24-32
MANEJAR LA OPOSICIÓN	Una y otra vez (p. 155)	Nehemías 4:1-23
LA FUENTE DE TODA FORTALEZA	El menos favorito (p. 154)	Isaías 40:29-31
LA CALIFICACIÓN SUPREMA	Falta (p. 149)	Daniel 6:1-24

TEMAS DE DEPORTISTAS: TRABAJO EN EQUIPO

Tema	Precalentamiento	Referencia
PERSUADIDO POR LA MULTITUD	¿En serio? (p. 158)	Lucas 24:36-45
LA RENDICIÓN DE CUENTAS	Perdonar y olvidar (p. 161)	Gálatas 2:11-21
LA LEALTAD	¿Quién te cubre? (p. 159)	Rut 1:11-18
CÓMO EL PECADO AFECTA A LOS DEMÁS	Obstaculizar el equipo (p. 160)	Jonás 1:1-15
LA HUMILDAD	Remar juntos (p. 164)	Santiago 4:1-12
LA FE EN ACCIÓN	Simplemente, hazlo (p. 161)	Santiago 1:22
HABLAR LA VERDAD EN AMOR	Preocuparse lo suficiente como para confrontar (p. 158)	Efesios 4:11-16
EL JUICIO	Los rumores (p. 163)	Lucas 6:37-38
JOSÉ PERDONA A SUS HERMANOS	De vuelta al ruedo (p. 160)	Génesis 45:1-14
ESCUCHA SU VOZ	La carga compartida (p. 162)	Juan 10:27-29
SEPARARSE	Esfuerzo en equipo (p. 157)	Lucas 9:10-17
LA ALABANZA Y LA GRATITUD	Vale la pena arriesgarse (p. 159)	1 Samuel 20:1-17
LA UNIDAD EN CRISTO	Nadie queda atrás (p. 163)	Efesios 4:1-6
JESÚS ACEPTA AL FORASTERO	Impulsores (p. 164)	Juan 4:7-24
EL AFECTO CRISTIANO	¿Besar a quién? (p. 162)	1 Tesalonicenses 5:23-28

TEMAS DE DEPORTISTAS: ENTRENAMIENTO

Tema	Precalentamiento	Referencia
SER UN BUEN SIERVO DE CRISTO	Actitud confiada (p. 166)	1 Timoteo 4:1-9
SER GENEROSO	¿Ceder o rendirse? (p. 165)	Proverbios 11:24-25
FUERZA EN LA DEBILIDAD	Esforzarse al límite (p. 170)	Romanos 7:7-28
APRENDER DE LA INSTRUCCIÓN DE DIOS	Tómate un respiro (p. 170)	Salmos 119:65-72
MOISÉS EN LA PRESENCIA DE DIOS	Vida sobria (p. 172)	Romanos 12:3
LAS PARÁBOLAS DE LA OVEJA Y LA MONEDA PERDIDAS	Sacrificio con gusto (p. 172)	Lucas 15:1-10
OBJETIVOS PRIORITARIOS	Repeticiones cortas (p. 169)	Juan 15:17 1 Tesalonicenses 5:16-17
BATALLAS ESPIRITUALES	Puro entusiasmo (p. 167)	Efesios 6:10-18
DERROTA Y MUERTE DE SANSÓN	Victoria absoluta (p. 169)	Romanos 8:31-39
PROCRASTINACIÓN	No llegues tarde (p. 171)	Mateo 25:1-13
HACER LO CORRECTO	La ética en el área deportiva (p. 168)	Proverbios 10:4; 12:2; 14:2; 22:29
ACTUAR CON FE	Observa y aprende (p. 167)	Santiago 1:19-27
SUFRIR POR CRISTO	Umbral del dolor (p. 166)	Romanos 5:1-5 Santiago 1:2-4
LA TENTACIÓN DE JESÚS	Convicción audaz (p. 168)	Números 13:26-33
LA MANERA DEL PADRE	Entrenamiento libre de problemas (p. 171)	Juan 14:1-3

JOSUÉ 1:9

TEMAS DE DEPORTISTAS: DESEMPEÑO

Tema	Precalentamiento	Referencia
CONSECUENCIAS DE LA OBSTINACIÓN	Flexibilidad (p. 180)	Éxodo 7:14-24; 12:28-30
LLEVAR LAS CARGAS DE LOS OTROS	¡Tiempo! (p. 176)	Gálatas 6:1-10
DELEITARSE EN EL SEÑOR	Este único deseo (p. 180)	Salmos 37:4
LA PUREZA	Responsabilidad personal (p. 175)	1 Tesalonicenses 4:1-8
DESCANSA EN CRISTO	Aprender a dar (p. 178)	Proverbios 11:24-25 Lucas 6:30
INSTRUCCIÓN EN SABIDURÍA	Para la gloria de Dios (p. 174)	Salmos 37:3-8
GRACIA	No todo es sobre ti (p. 177)	Efesios 2:8-10
DEFENDER LO CORRECTO	El estándar de oro (p. 179)	Daniel 3:1-10
UNA FE SINCERA	Orientado a objetivos (p. 175)	Filipenses 3:12-21
IMPACTO ESPIRITUAL	Banco de suplentes (p. 176)	Judas 17-24
FORTALECIDO POR DIOS	Libre de lesiones (p. 177)	Isaías 58:11
EDIFICAR A LOS DEMÁS	Tú puedes (p. 174)	Santiago 3:1-12
EL PRIMER MÁRTIR CRISTIANO	Nada de atajos (p. 178)	1 Samuel 15:1-23
TESORO EN VASOS DE BARRO	Una temporada perdedora (p. 173)	2 Corintios 4:8-18
TU CUERPO ES UN SANTUARIO	Jugador prioritario (p. 179)	1 Corintios 6:19-20

TEMAS DE DEPORTISTAS: PLAN DE JUEGO

Tema	Precalentamiento	Referencia
CARROZAS DE FUEGO	Ver la jugada (p. 187)	2 Reyes 6:15-17
LA CURA PARA LA ANSIEDAD	Correr riesgos (p. 182)	Lucas 12:22-34
SOBRELLEVAR LAS PRESIONES	Llamada de atención (p. 181)	Mateo 14:6-23
RESISTENCIA	¿Lesión o maquillaje? (p. 184)	Hebreos 12:1-2
PODER ESPIRITUAL	¿Quién te impulsa? (p. 185)	Zacarías 4:6-10
LA FE Y LAS OBRAS	Hora de confiar (p. 187)	Éxodo 13:23-31
LA ALIMENTACIÓN DE LOS 5000	Jugada poderosa (p. 184)	Hechos 2:1-13
SABIDURÍA DE DIOS	Hombre sabio (p. 182)	1 Reyes 3:4-14
COSAS ETERNAS	Satisfacción garantizada (p. 186)	Hebreos 13:5
EL PODER MILAGROSO DE DIOS	Pronóstico de juego (p. 183)	Josué 10:6-14
JOSUÉ PREPARA AL PUEBLO	Este es el plan (p. 188)	Génesis 6:13-22
EL AMOR DE DIOS	La carta de amor de Dios (p. 186)	Cantares 7:10
BUSCAR A DIOS	Suficiente charla (p. 183)	1 Tesalonicenses 5:12-15
SEGUIR LA VOZ DE DIOS	Mi punto ciego (p. 185)	Números 22:21-34
LOS DISCÍPULOS DE EMAÚS	Regreso a casa (p. 188)	Lucas 24:13-35

150 HISTORIAS BÍBLICAS FAVORITAS

ANTIGUO TESTAMENTO

LOS COMIENZOS DE LA CREACIÓN DE DIOS

Creación extrema	Génesis 1:1–2:3	Caín asesina a Abel	Génesis 4:1-16
El jardín supremo	Génesis 2:4–25	El diluvio	Génesis 6:5–7:12
El pecado entra en el paraíso	Génesis 3:1-4	Noé y el arca	Génesis 8:1-22

LOS FUNDADORES DE ISRAEL

El llamado de Abram	Génesis 12:1-9	Abraham es probado	Génesis 22:1-19
Abram y Lot se separan	Génesis 13:1-18	Jacob y Raquel	Génesis 29:1-4
Abraham ruega por Sodoma	Génesis 18:16-33	Jacob lucha con Dios	Génesis 32:22-32
La destrucción de Sodoma y Gomorra	Génesis 19:1-29	Los sueños de José	Génesis 37:1-11
Nace Isaac; Ismael es enviado lejos	Génesis 21:1-21	José es vendido por sus hermanos	Génesis 37:12-36

LA ESCLAVITUD DE ISRAEL EN EGIPTO

José y la esposa de Potifar	Génesis 39:1-23	Moisés y la zarza ardiente	Éxodo 3:1-22
José interpreta los sueños del Faraón	Génesis 41:1-40	Señales para Moisés	Éxodo 4:1-17
José revela su identidad	Génesis 45:1-28	Ladrillos sin paja	Éxodo 5:1-21
Los comienzos de la vida de Moisés	Éxodo 2:1-25	Comienzan las plagas	Éxodo 6:28–7:24

EL VIAJE A LA TIERRA PROMETIDA

La Pascua	Éxodo 12:1-30	El becerro de oro	Éxodo 32:1-35
El cruce del mar	Éxodo 14:5-31	María y Aarón se oponen a Moisés	Números 12:1-15
El maná y las codornices	Éxodo 16:1-35	La exploración de la tierra prometida	Números 13:26–14:10, 26-45
Los diez mandamientos	Éxodo 19:10–20:21	La renovación del pacto	Deuteronomio 10:1-22

LA VIDA EN LA TIERRA PROMETIDA

El cruce del Jordán	Josué 3:14–4:24	El matrimonio de Sansón	Jueces 14:1-20
La conquista de Jericó	Josué 5:13–6:21	Sansón y Dalila	Jueces 16:1-22
Gedeón vence a los madianitas	Jueces 7:1-25	La muerte de Sansón	Jueces 16:21-31

LOS GRANDES REYES DE ISRAEL

El Señor llama a Samuel	1 Samuel 3:1-14	David y Betsabé	2 Samuel 11:1-27
Israel exige un rey	1 Samuel 8:1-22	Natán reprende a David	2 Samuel 12:1-14
Samuel reprende a Saúl	1 Samuel 13:1-15	David se lamenta	2 Samuel 12:15-25
Samuel unge a David	1 Samuel 16:1-13	Amnón viola a Tamar	2 Samuel 13:1-22
David contra Goliat	1 Samuel 17:20-50	Absalón mata a Amnón	2 Samuel 13:23-39
Saúl tiene celos de David	1 Samuel 18:1-6	El sabio reinado de Salomón	1 Reyes 3:16-28

150 HISTORIAS BÍBLICAS FAVORITAS

David y Jonatán	1 Samuel 20:1-13, 18-42	El esplendor y las esposas de Salomón	1 Reyes 10:23–11:13
David le perdona la vida a Saúl	1 Samuel 24:1-22	El reino se divide	1 Reyes 12:1-24
El suicidio de Saúl	1 Samuel 31:1-13		

HISTORIAS DE LOS PROFETAS

Eliseo y los profetas de Baal	1 Reyes 18:16-40	Profecías sobre el Siervo sufriente	Isaías 52:13–53:12
Eliseo y el aceite de la viuda	2 Reyes 4:1-7	Jonás huye del Señor	Jonás 1:1-17
Naamán es sanado de lepra	2 Reyes 5:1-16	Jonás en el pez y Nínive	Jonás 2:1–3:10
Eliseo y las carrozas de fuego	2 Reyes 6:8-23	El enojo de Jonás y la compasión de Dios	Jonás 4:1-11

HISTORIAS DESDE EL EXILIO

Ester se transforma en reina	Ester 2:1-18	La imagen de oro y el horno de fuego	Daniel 3:1-12, 19-27
La formación de Daniel en Babilonia	Daniel 1:1-21	Daniel en el foso de los leones	Daniel 6:1-24

HISTORIAS DE AMOR Y PÉRDIDA

La primera prueba de Job	Job 1:6-22	Poemas de amor	Cantares 1:1–2:7

NUEVO TESTAMENTO

JESÚS NACE Y CRECE

Se predice el nacimiento de Jesús	Lucas 1:26-38	El nacimiento de Jesús	Lucas 2:1-20
Un ángel se le aparece a José	Mateo 1:18-25	El niño Jesús en el templo	Lucas 2:41-52

EL PRINCIPIO DEL MINISTERIO DE JESÚS

El bautismo de Jesús	Mateo 3:1-17	El llamado de los primeros discípulos	Lucas 5:1-11
Jesús sana y ora	Marcos 1:29-39	Jesús transforma el agua en vino	Juan 2:1-11
Jesús sana a un paralítico	Marcos 2:1-12	Jesús le enseña a Nicodemo	Juan 3:1-21
La tentación de Jesús	Lucas 4:1-13	Jesús habla con la mujer samaritana	Juan 4:1-26

LOS MILAGROS DE JESÚS

Jesús camina sobre el agua	Mateo 14:22-33	La sanidad de un hombre poseído por un demonio	Lucas 8:26-39
Jesús calma la tormenta	Marcos 4:35-41	La sanidad de los diez leprosos	Lucas 17:11-19
Jesús sana a la mujer con el flujo de sangre	Marcos 5:24-34	Sanidad en el estanque	Juan 5:1-15
Jesús alimenta a los 5000	Marcos 6:30-44	Jesús sana al hombre nacido ciego	Juan 9:1-15, 24-34
La sanidad de un muchacho endemoniado	Marcos 9:14-29	Jesús levanta a Lázaro de entre los muertos	Juan 11:17-44

LAS EXPERIENCIAS DE JESÚS

Los constructores sabios e insensatos	Mateo 7:24-29	El pedido de Santiago y Juan	Marcos 10:35-45
Cristo debe morir	Mateo 16:13-28	Pagarle impuestos al César	Marcos 12:13-17

JOSUÉ 1:9

150 HISTORIAS BÍBLICAS FAVORITAS

El pedido de una madre	Mateo 20:20-28	La ofrenda de la viuda	Marcos 12:41-44
Las ovejas y las cabras	Mateo 25:31-46	Jesús es ungido por una mujer pecadora	Lucas 7:36-50
El Señor del día de reposo	Marcos 2:23–3:6	En la casa de Marta y María	Lucas 10:38-42
Jesús se enfrenta a la crítica	Marcos 3:20-35	El hombre rico y Lázaro	Lucas 16:19-31
Juan el Bautista es decapitado	Marcos 6:14-29	Zaqueo el recolector de impuestos	Lucas 19:1-10
La transfiguración	Marcos 9:2-13	La mujer sorprendida en adulterio	Juan 8:1-11
El joven rico	Marcos 10:17-31		

LAS PARÁBOLAS DE JESÚS

La parábola de los cuatro terrenos	Mateo 13:1-23	La parábola del buen samaritano	Lucas 10:25-37
La parábola de los dos deudores	Mateo 18:21-35	La parábola del rico insensato	Lucas 12:13-21
La parábola de los trabajadores de la viña	Mateo 20:1-6	La parábola del gran banquete	Lucas 14:15-24
La parábola de las diez vírgenes	Mateo 25:1-13	La parábola del hijo perdido	Lucas 15:11-32
La parábola de los talentos	Mateo 25:14-30	La parábola del fariseo y el recolector de impuestos	Lucas 18:9-14

LA ÚLTIMA SEMANA DE JESÚS

La entrada triunfal	Lucas 19:28-44	La crucifixión y la muerte de Jesús	Lucas 23:26-49
Jesús limpia el templo	Marcos 11:15-19	La resurrección de Jesús y la Gran Comisión	Mateo 28:1-20
Jesús lava los pies de los discípulos	Juan 13:1-17	Jesús se le aparece a María Magdalena	Juan 20:1-18
La última cena	Lucas 22:7-23	En el camino a Emaús	Lucas 24:13-35
Jesús en Getsemaní	Marcos 14:32-42	Jesús se le aparece a Tomás	Juan 20:24-31
Jesús es arrestado	Mateo 26:47-56	Jesús y la pesca milagrosa	Juan 21:1-14
Pedro niega a Jesús	Lucas 22:54-62	Los soldados se burlan de Jesús	Mateo 27:26-31
Jesús ante Pilato	Marcos 15:1-15		

COMIENZA LA IGLESIA CRISTIANA

Jesús asciende al cielo	Hechos 1:1-11	Felipe y el etíope	Hechos 8:26-40
Matías es elegido para reemplazar a Judas	Hechos 1:12-26	La conversión de Saulo	Hechos 9:1-19
El Espíritu Santo desciende en Pentecostés	Hechos 2:1-24, 36-71	Saulo en Damasco y Jerusalén	Hechos 9:19b-31
La comunidad de creyentes	Hechos 2:41-47	La visión de Pedro	Hechos 10:1-23
Pedro sana a un mendigo inválido	Hechos 3:1-16	El escape milagroso de Pedro de la prisión	Hechos 12:1-19
Ananías y Safira	Hechos 5:1-11	La elección de los siete	Hechos 6:1-7

LOS VIAJES MISIONEROS DE PABLO

Pablo se enfrenta a un hechicero	Hechos 13:1-12	La visión de Pablo de un hombre en Macedonia	Hechos 16:6-10
Desacuerdos entre Pablo y Bernabé	Hechos 15:36-41	Pablo y Silas en la cárcel	Hechos 16:22-40
El disturbio en Éfeso	Hechos 19:21-41		

EL CREDO DEL COMPETIDOR

JOSUÉ 1:9

Soy cristiano en primera y última instancia. Soy creado a la semejanza de Dios Todopoderoso para darle la gloria a Él. Soy miembro del equipo de Jesucristo. Llevo puestos los colores de la cruz.

Soy un competidor ahora y para siempre. He sido creado para luchar, esforzarme, superar y triunfar en el campo de la competencia. Soy un competidor cristiano y como tal enfrento a mi contendiente con la cara de Cristo.

No confío en mí mismo. No hago alarde de mis habilidades ni creo en mi propia fuerza. Confío plenamente en el poder de Dios. Compito para el deleite de mi Padre celestial, el honor de Jesucristo y la reputación del Espíritu Santo.

Mi actitud fuera y dentro de la cancha está por encima del reproche; mi conducta va más allá de la crítica. Sea que me esté preparando, practicando o jugando, me someto a la autoridad de Dios y a la de aquellos que Él ha puesto sobre mí. Respeto a mis entrenadores, administradores, compañeros de equipo y competidores por respeto al Señor.

Mi cuerpo es el templo de Jesucristo. Lo protejo interior y exteriormente. Nada entra en mi cuerpo que no honre al Dios viviente. Mi sudor es una ofrenda a mi Maestro. Mi cuerpo adolorido es un sacrificio a mi Salvador.

Lo doy todo, todo el tiempo. No me doy por vencido. No me rindo. No cedo. Soy el guerrero del Señor: un competidor con convicción y discípulo de la determinación. Confío más allá de la razón porque mi confianza yace en Jesucristo. Los resultados de mis esfuerzos deben, por consiguiente, ser para Su gloria.

Que empiece la competencia. Y que la Gloria sea para Dios. Para firmar el credo, dirijase a www.fca.org

© 2015 Fellowship of Christian Athletes

JOSUÉ 1:9
LEVÁNTATE

REUNIONES DE LA FCA

TABLA DE CONTENIDO

Reuniones de la FCA: Días 1-4 **30** / Tiempo de entrenamiento: 31 devocionales: **53** / Precalentamientos **87** / Estudios para deportistas: **139** / Más que ganar: tu plan de juego para la vida: **189** / La línea de partida: tu nueva vida en Cristo: **197** / Cómo participar en la FCA: **224**

REUNIONES DE LA FCA

TEMA ANUAL DE LA FCA

Ya te lo he ordenado: ¡Sé fuerte y valiente! ¡No tengas miedo ni te desanimes! Porque el SEÑOR tu Dios te acompañará dondequiera que vayas. Josué 1:9

Todos los deportistas alguna vez en su carrera tendrán que enfrentarse a desafíos y luchar hasta superarlos. Tendrán que estar a la altura de ellos. Levantarse después de un golpe o de una derrota. Unirse como equipo para enfrentar un desafío. Se requiere fuerza, valor y compromiso para enfrentar los desafíos, darlo todo y aprender de la experiencia.

Sin embargo, no necesitas hacerlo solo. Nuestro Dios promete estar con nosotros. Jesucristo te dará las fuerzas y el valor para vivir tu fe en el deporte que practicas y producir un impacto positivo para Él. Solo tienes que confiar en tu Entrenador, Jesucristo, y seguir Sus instrucciones. Puedes hacerlo. Dios está contigo. ¡Es tiempo de LEVANTARSE!

CUATRO ESTUDIOS QUE TE AYUDARÁN A ENFRENTAR LOS DESAFÍOS

REUNIÓN 1 – Levántate Fuerte

Yo les he dicho estas cosas para que en mí hallen paz. En este mundo afrontarán aflicciones, pero ¡anímense! Yo he vencido al mundo. Juan 16:33

REUNIÓN 2 – Levántate Hoy

Dirigiéndose a todos, declaró: —Si alguien quiere ser mi discípulo, que se niegue a sí mismo, lleve su cruz cada día y me siga. Lucas 9:23

REUNIÓN 3 – Levantémonos Juntos

Llénenme de alegría teniendo un mismo parecer, un mismo amor, unidos en alma y pensamiento. Filipenses 2:2

REUNIÓN 4 – Levántate Mañana

Porque yo sé muy bien los planes que tengo para ustedes —afirma el SEÑOR—, planes de bienestar y no de calamidad, a fin de darles un futuro y una esperanza. Jeremías 29:11

USO DEL MATERIAL SI TIENES MENOS DE CUATRO REUNIONES

El contenido de estas cuatro reuniones están diseñados para complementarse y proporcionar un mensaje completo, por lo que no conviene pasar por alto ninguno de los temas. Si necesitas abarcarlos en menos de cuatro reuniones, recomendamos estas opciones:

• Según el énfasis y las características de los integrantes del grupo, puedes concentrarte en uno o dos temas y mencionar los principales puntos de los restantes.

• Si decides considerar dos temas en una reunión, elige solo un «calentamiento» para el encuentro.

REUNIÓN 1
LEVÁNTATE FUERTE

BIENVENIDA

Yo les he dicho estas cosas para que en mí hallen paz. En este mundo afrontarán aflicciones, pero ¡anímense! Yo he vencido al mundo. Juan 16:33

Los deportes pueden ser duros. La vida puede ser aún más dura.

Se requiere mucha perseverancia y esfuerzo para superar los desafíos en ambos espacios. Y si no, basta preguntárselo a Serge Ibaka, delantero del equipo de baloncesto de los Thunders de Oklahoma. Ibaka, el tercer hijo menor de 18 hijos, nació en la República del Congo, una nación pobre y devastada por la guerra, en África central. Poco después de la muerte de su madre, cuando apenas tenía ocho años, la familia de Ibaka tuvo que huir de su ciudad natal, durante la segunda guerra del Congo. Su padre fue apresado por estar del lado equivocado en el conflicto, e Ibaka tuvo que vivir en la calle y arreglárselas para comer a diario. Al final, cuando su padre fue liberado, la vida lentamente volvió a la normalidad. La fe de Ibaka en Dios lo ayudó a salir adelante.

«Creo en Dios, y creo en los milagros», declaró Ibaka a USA Today, durante las eliminatorias de la NBA del 2014. «Creo que todo es posible».

Serge Ibaka
Fotografía por Augustus Didzgalvis

Tal vez te identifiques con esta increíble historia, aunque probablemente nunca hayas tenido que pasar por circunstancias de vida tan desgarradoras. Pero más allá de los desafíos que hayas tenido que enfrentar, es imposible superarlos si dependes solo de tus fuerzas. Como Ibaka, necesitas fuerzas de otro lado para enfrentar los desafíos y afrontar las circunstancias adversas que la vida te depara.

LEVÁNTATE FUERTE

PRECALENTAMIENTO
CIRCUNSTANCIAS ADVERSAS

Todos tenemos que lidiar con diferentes grados de dificultad en nuestra vida. Y aunque no hayas tenido que enfrentar ninguno de estos problemas, seguramente conozcas a alguien que sí. A continuación hay una lista de 10 duros reveses que se te podrían presentar en los deportes o en la vida. Ordénalos de 1 a 10, del menos adverso (1) al más adverso (10).

	un boletín con malas calificaciones		mudarse a otra ciudad
	la muerte de un ser querido		no ser seleccionado para integrar el equipo
	un momento de vergüenza durante una competencia		el divorcio de tus padre
	una mala temporada		el rompimiento de una relación
	perder un campeonato		una lesión que te deja fuera de la temporada

P: *¿Cuáles de estos reveses has sufrido personalmente en tu vida?*

P: *¿Qué hace que algunas de estas situaciones sean pruebas más duras que otras?*

LEVÁNTATE FUERTE

ENTRENAMIENTO
EL POZO, LA PRISIÓN Y EL PALACIO

Si alguna vez pensaste que la vida era dura, tómate unos minutos para leer la historia bíblica de José. Su padre lo amaba mucho, pero sus hermanos le tenían celos y lo odiaban (Génesis 37:1-11). Lo odiaban tanto que lo metieron en un pozo, le dijeron a su padre que había muerto y lo vendieron como esclavo. Al final, José terminó en Egipto, donde trabajó como siervo en el hogar de un influyente funcionario egipcio (Génesis 37:12-36).

Fotografía: 123rf/Achim Prill

Le estaba yendo mejor hasta que la esposa de su amo lo acusó falsamente de atacarla, y como consecuencia, lo mandaron a la cárcel (Génesis 39:1-20). Mientras estaba preso, José se destacó tanto que lo pusieron a cargo de los demás prisioneros. Era un líder natural y siempre parecía ganarse el aprecio de las personas con autoridad (Génesis 39:21-23).

José también tenía un don. Podía interpretar sueños. Gracias a ese don, al final fue liberado y conducido al palacio del Faraón. José interpretó los sueños del Faraón y ayudó a salvar del hambre a la nación. Se convirtió en segundo del Faraón y, al final, salvó a su propia familia, y aun a sus hermanos traidores (Génesis 40–41).

Aunque soportó muchas situaciones difíciles, José confiaba en que Dios tenía un plan para su vida. Reconoció los dones que Él le había dado y los usó para ayudar al prójimo. Vio más allá del dolor, de la angustia y de las terribles circunstancias, y fue capaz de vislumbrar un futuro lleno de esperanza para él y para aquellos a quienes más quería.

P: Ponte en la situación de José. ¿Qué habrías hecho ante algunas de las pruebas que tuvo que enfrentar (traición, falsas acusaciones, encarcelamiento, etc.)?

P: ¿Cuál dirías que fue el secreto de José para enfrentar esas adversidades y cumplir el propósito de Dios para su vida?

LEVÁNTATE FUERTE

CUANDO LA VIDA SE COMPLICA

Las circunstancias adversas en la vida de un deportista pueden ir desde quedar relegado al banco de suplentes hasta sufrir una lesión que acabe con su carrera deportiva. Lo mismo sucede en la vida. Las malas calificaciones no son nada comparadas con la pérdida de un ser querido, pero en cualquier momento, las adversidades pueden afectar nuestra salud emocional, física y espiritual.

Durante el «precalentamiento», hablamos sobre algunas circunstancias adversas que podríamos enfrentar en el mundo del deporte o en la vida en general. En el espacio a continuación, escribe algunas circunstancias adversas o complicaciones que has sufrido personalmente en el pasado o que estás experimentando ahora:

SITUACIONES DIFÍCILES
EN EL DEPORTE:

SITUACIONES DIFÍCILES
EN LA VIDA:

LEVÁNTATE FUERTE

¿Qué se supone que debemos hacer cuando las cosas se complican? ¿Cómo hacemos para enfrentar el desafío en medio de las tormentas de la vida? La Biblia nos da algunos consejos sencillos pero eficaces sobre lo que podemos hacer cuando surgen complicaciones:

1. Reconocer que habrá tormentas. Enfrentamos desafíos y dificultades por diversas razones. Vivimos en un mundo imperfecto, lleno de gente imperfecta y, a veces, simplemente son cosas de la vida.

Queridos hermanos, no se extrañen del fuego de la prueba que están soportando, como si fuera algo insólito. 1 Pedro 4:12

2. Prepararse para la tormenta. Así como las familias prudentes hacen planes para las emergencias o los desastres naturales, nosotros también deberíamos tomar los pasos necesarios a fin de estar preparados para las pruebas inevitables que pasaremos en algún momento. La oración, el estudio bíblico y la memorización de pasajes de la Biblia son recursos increíbles que nos servirán de resguardo en medio de las tormentas de la vida.

Por tanto, todo el que me oye estas palabras y las pone en práctica es como un hombre prudente que construyó su casa sobre la roca. Cayeron las lluvias, crecieron los ríos, y soplaron los vientos y azotaron aquella casa; con todo, la casa no se derrumbó porque estaba cimentada sobre la roca. Mateo 7:24-25

3. Confiar en Jesús durante la tormenta. Muy a menudo intentamos depender de nuestras fuerzas durante los tiempos difíciles, nos colocamos detrás de un muro emocional o mantenemos una sonrisa en la cara. Pero como leímos en el versículo del tema de hoy (Juan 16:33), Jesús ha «vencido al mundo». Por lo tanto, Él puede y quiere protegernos, y darnos fuerzas sobrenaturales para que no tengamos que enfrentar los problemas dependiendo solo de nosotros mismos.

Depositen en él toda ansiedad, porque él cuida de ustedes. 1 Pedro 5:7

4. Permitir que Dios te use después de la tormenta. Cuando te han derribado o has sufrido un traspié, no te quedes en el suelo ni bajes los brazos. ¡Levántate! Ten la certeza de que Dios puede tomar las cosas malas que has afrontado y usarlas para Su gloria. Usa las circunstancias adversas de tu vida para dar testimonio de cómo Él te ayudó a superar la prueba.

Ahora bien, sabemos que Dios dispone todas las cosas para el bien de quienes lo aman, los que han sido llamados de acuerdo con su propósito. Romanos 8:28

LEVÁNTATE FUERTE

P: *De estos cuatro consejos, ¿cuál te ha servido en el pasado? ¿Cómo te ayudaron a resistir tu tormenta?*

P: *De estos consejos ¿cuál te resultó más difícil de seguir? ¿De qué manera poner en práctica estos consejos te infundirá fuerzas y ánimo para enfrentar los desafíos y superar las circunstancias difíciles que te depara la vida?*

PUNTOS PRINCIPALES DE ENTRENAMIENTO

- **La vida es dura:** tendrás que enfrentar problemas. Te lo garantizamos. No importa dónde vivas, lo talentoso que seas, o lo fácil que parezca todo en su momento, las cosas malas sucederán.

- **Jesús es más fuerte:** esta es la buena noticia. Cuando tengas que enfrentar esos problemas, no tendrás que enfrentarlos solo. Si confías en el Señor, Él dirigirá tus pasos, por más accidentado que sea el camino. Lee Filipenses 4:6-7.

CONCLUSIÓN

¡LEVÁNTATE FUERTE!

Algunas personas creen que la resistencia es solo cuestión de fuerza de voluntad y determinación. Sin embargo, hay solo una verdadera respuesta a los desafíos de la vida y una única fuente de resistencia para sobrevivir en este mundo. Solo se encuentra en una relación con Jesucristo. Él derrotó a la muerte cuando murió en la cruz y venció al pecado cuando resucitó. Jesús venció a la muerte y al pecado para que nosotros también pudiéramos superar los desafíos de la vida.

Entonces, cuando la vida te haga caer, te golpee o te propine una derrota aplastante, recuerda que Jesús te ha dado poder para enfrentar los desafíos y vencer al mundo por medio de Sus fuerzas.

Si bien estos consejos son útiles para ayudarte a superar los obstáculos de la vida, nunca entenderás verdaderamente cuán importante es depender de Jesús en los momentos difíciles hasta tanto no aceptes el regalo de la salvación que Dios te ofrece (Juan 3:16-17; Romanos 5:8). Solo cuando encuentres tu identidad en una relación con Cristo podrás vencer al mundo y resistir todas aquellas cosas que intentan destruirte.

LEVÁNTATE FUERTE

Si quieres conocer personalmente a Jesús, lee «Más que ganar» en la página [TBD].

Si ya asumiste ese compromiso, pide a Dios que te ayude a entregarle tu vida y permite que Él sea tu fuerza en las circunstancias difíciles de la vida. Pídele al Señor que te revele la fuerza y el poder de Cristo, para que puedas enfrentar los desafíos y experimentar a pleno el versículo lema:

Ya te lo he ordenado: ¡Sé fuerte y valiente! ¡No tengas miedo ni te desanimes! Porque el SEÑOR tu Dios te acompañará dondequiera que vayas. Josué 1:9

ANTES DE LA PRÓXIMA REUNIÓN

Vuelve al «entrenamiento» y lee lo que escribiste, o repasa los cuatro consejos para superar las tormentas de la vida. Medita en los pasajes bíblicos provistos. Si entregaste tu corazón a Cristo por primera vez o si reasumiste el compromiso de entregarle tu vida, asegúrate de decírselo al líder del grupo o a algún otro miembro del personal para hacerles saber tu emocionante decisión.

.

REUNIÓN 2
LEVÁNTATE HOY

BIENVENIDA

Dirigiéndose a todos, declaró: —Si alguien quiere ser mi discípulo, que se niegue a sí mismo, lleve su cruz cada día y me siga. Lucas 9:23

Postergación.

Esta palabra representa el peor enemigo del deportista. Es mucho más fácil apagar la alarma del despertador que levantarse de la cama apenas despunta el sol para hacer ejercicio, o ir a una práctica o entrenamiento. Es mucho más fácil dejar la tarea para último momento y «que sea lo que Dios quiera» cuando se cumpla el plazo de entrega. Es mucho más fácil hacer de cuenta que no tenemos problemas de relación con un amigo, pariente o compañero de equipo, en vez de encarar las desavenencias a medida que surgen.

Cuando Chip Kelly era entrenador de los Oregon Ducks, un equipo de fútbol americano, sabía bien que todos los deportistas luchan contra la postergación y el desgano. Por eso propuso adoptar una actitud de compromiso diario que todavía se usa en los programas de entrenamiento en todo Estados Unidos: ganar el día.

«La idea es concentrarse en el proceso» explicó Kelly a los periodistas, después de asumir como entrenador jefe de los Filadelfia Eagles. «Para la mayoría de la gente, la meta se ve como algo muy distante. Todo el mundo habla sobre no perder de vista todo el cuadro, pero se olvidan de mirar también las pinceladas. Es la suma de triunfos diarios la que nos llevará a estar donde sea que estemos de aquí a un año».

Si tiendes a dejar las cosas para mañana o el futuro te parece demasiado distante, es importante darte cuenta de que en los deportes, como en las demás áreas de la vida, no se consigue nada grandioso si no nos levantamos hoy y nos ocupamos de las pequeñas cosas que nos acercan cada vez más a la meta suprema.

Chip Kelly
Fotografía por Steve Dykes / Getty

LEVÁNTATE HOY

PRECALENTAMIENTO

¿AHORA O MÁS TARDE?

A veces, no importa si dejamos las cosas para mañana. Algunas decisiones requieren más oración y consejos. Pero en la mayoría de los casos, dejar las cosas para mañana y la desorganización en la vida diaria solo nos traerán problemas. No cortar el césped en su momento hace que la tarea sea más pesada a medida que el pasto crece. No cargar gasolina en su momento aumenta el riesgo de que el conductor quede varado en medio de la ruta. Aplazar las citas con el dentista puede resultar en caries y pérdida de dientes.

A continuación, hay una lista de cosas que quizás, como estudiante deportista, te sientas tentado a postergar algo. A medida que se lee cada una, ponte en pie si es una actividad importante en tu vida que alguna vez dejaste para otro día.

- entrenar
- hacer la tarea
- estudiar para una prueba
- esforzarse al máximo en las prácticas

Para cada actividad mencionada, comenta al menos una consecuencia que experimentaste por aplazar su realización.

P: ¿Por qué nos resulta tan fácil dejar las cosas para mañana?

P: ¿Por qué es tan difícil apuntar a la calidad y comprometernos a diario?

ENTRENAMIENTO

DEJA LAS REDES

Cuando Jesús comenzó Su ministerio, buscó un puñado de personas para que lo acompañaran. Estos doce hombres fueron los discípulos de Jesús, y luego se convirtieron en el fundamento de la Iglesia. El Evangelio de Mateo nos relata este primer reclutamiento.

Mientras caminaba junto al mar de Galilea, Jesús vio a dos hermanos: uno era Simón, llamado Pedro, y el otro Andrés. Estaban echando la red al lago, pues eran pescadores. «Vengan, síganme —les dijo Jesús—, y los haré pescadores de hombres». Al instante dejaron las redes y lo siguieron. Más adelante vio a otros

LEVÁNTATE HOY

dos hermanos: Jacobo y Juan, hijos de Zebedeo, que estaban con su padre en una barca remendando las redes. Jesús los llamó, y dejaron en seguida la barca y a su padre, y lo siguieron. Mateo 4:18-22

Muchos se han preguntado cómo pudo ser que estos hombres dejaran todo, su trabajo y sus familias, y se fueran tras Jesús. Es probable que algunos de los discípulos ya lo conocieran de antes, que hubieran escuchado a Juan el Bautista profetizar sobre Su venida o tal vez hubieran visto uno de Sus primeros milagros. Por tanto, aunque pareciera ser una decisión difícil, tal vez no lo fue. Estos hombres intuían que seguir a Jesús cambiaría sus vidas para siempre.

P: Ponte en los zapatos de los discípulos. ¿Te habría costado mucho dejar todo y seguir a Jesús? Explica por qué.

P: ¿Alguna vez tuviste que enfrentar una decisión difícil en la vida? ¿Cuál fue el factor determinante que te ayudó a tomar una buena decisión?

Los discípulos tenían que dejar algunas cosas antes de seguir a Jesús. En la imagen a continuación, escribe algunas cosas que tal vez debas «dejar en la barca», porque te impiden tomar tu cruz y seguir a Jesús.

P: ¿Por qué te cuesta tanto dejarlas? ¿Crees que dejarlas te liberará y podrás así enfrentar los desafíos hoy para comenzar una vida de obediencia a Jesús? ¿Cómo?

LEVÁNTATE HOY

TOMA TU CRUZ

En el versículo del tema de hoy, Jesús se dirigió a la gente y dijo:

—Si alguien quiere ser mi discípulo, que se niegue a sí mismo, lleve su cruz cada día y me siga. Lucas 9:23

Jesús habría de ser crucificado, pero la mención de la cruz servía como metáfora de Su llamado y propósito en la Tierra. De igual modo, desafió a quienes lo escuchaban, y también a los que leerían Sus palabras hoy, a responder (o aceptar) el llamado de Dios para nuestra vida, y comenzar a cumplir el propósito más importante de nuestra existencia.

Sin embargo, cuando te propongas cumplir a diario con algo (en tu carrera deportiva, en tus estudios, en tu relación con Dios, etc.), habrá tres obstáculos que seguramente se interpondrán en el camino: el pasado, la autocomplacencia y el temor. Se erigirán como un muro delante de ti y podrían impedirte progresar en varias áreas de tu vida, en especial con el compromiso más importante de tomar tu cruz y seguir a Jesús. Hay tres maneras de derrotar la tentación de dejar todo para mañana y comenzar a vivir en obediencia a Él, a saber:

1. **Olvidarse del ayer.** No dejes que tu pasado determine tu futuro. El apóstol Pablo persiguió a los cristianos antes de su llamado divino, pero después de arrepentirse, abandonó sus maldades y dejó atrás todo su pasado. Más adelante, animó a otros creyentes a hacer lo mismo:

Hermanos, no pienso que yo mismo lo haya logrado ya. Más bien, una cosa hago: olvidando lo que queda atrás y esforzándome por alcanzar lo que está delante, sigo avanzando hacia la meta para ganar el premio que Dios ofrece mediante su llamamiento celestial en Cristo Jesús. Filipenses 3:13-14

2. **Hacerlo hoy. No esperes el mañana, porque no sabes si llegará.** La autocomplacencia y la postergación deben eliminarse de la vida de todo el que quiera estar más cerca de Dios y acercarse al cumplimiento de su destino.

Porque [Dios] dice: «En el momento propicio te escuché, y en el día de salvación te ayudé». Les digo que éste es el momento propicio de Dios; ¡hoy es el día de salvación! 2 Corintios 6:2

3. **Vive un día a la vez.** A veces, podemos sentirnos temerosos del futuro o inseguros sobre lo que nos deparará el mañana. Dios dice que no nos preocupemos por el mañana, sino que avancemos paso a paso y que Él se encargará del resto.

Por lo tanto, no se angustien por el mañana, el cual tendrá sus propios afanes. Cada día tiene ya sus problemas. Mateo 6:34

LEVÁNTATE HOY

P: ¿Cuál de los tres obstáculos mencionados te ha impedido ser fiel y caminar día a día en obediencia a Dios? Explica por qué.

PUNTOS PRINCIPALES DE ENTRENAMIENTO

- **El ayer ya pasó:** no te quedes en el pasado. Dios quiere que avances hacia tu destino. Lee Isaías 43:18-19.

- **El día de hoy es un regalo:** no dejes para mañana lo que puedas hacer hoy. El momento es ahora. Lee Efesios 5:15-17.

- **El mañana pertenece a Dios:** siempre y cuando tu vocación e intereses concuerden con los de Dios, no hay motivo para temer lo que nos deparará el mañana. Lee Salmos 37:5.

JOSUÉ 1:9

LEVÁNTATE HOY

CONCLUSIÓN

¡LEVÁNTATE HOY!

Por más que sea importante ser un buen deportista, estudiante o miembro de una familia, es aún más importante ser un buen seguidor de Cristo. Estos otros papeles que también desempeñamos en la vida no valdrán nada si fracasamos en la más importante de todas las relaciones.

Conforme dejes atrás el pasado, tomes tu cruz cada día y permitas que Dios dirija tu futuro, podrás enfrentar los desafíos hoy y experimentar el poder que promete nuestro versículo lema:

Ya te lo he ordenado: ¡Sé fuerte y valiente! ¡No tengas miedo ni te desanimes! Porque el SEÑOR tu Dios te acompañará dondequiera que vayas. Josué 1:9

ANTES DE LA PRÓXIMA REUNIÓN

Vuelve a mirar la lista de aquellas cosas que necesitas dejar a un lado antes de entregarte de lleno a tomar tu cruz y seguir a Jesús. Pídele a un líder que ore contigo sobre estas cosas y luego ten un tiempo de meditación para reflexionar sobre los pasajes bíblicos que vimos en esta reunión, para que así el Espíritu Santo hable a tu corazón y te dé poder para entregarle todo a Él.

REUNIÓN 3
LEVANTÉMONOS JUNTOS

BIENVENIDA

Llénenme de alegría teniendo un mismo parecer, un mismo amor, unidos en alma y pensamiento. Filipenses 2:2

Es increíble lo que puede suceder cuando un grupo de gente se une en torno a una causa común.

En 1973, la secundaria Woodlawn de Birmingham, en Alabama, estaba a punto de ser cerrada. La integración forzada de diferentes razas estaba teniendo consecuencias sociales negativas e imperaba la violencia. Sin embargo, al comienzo de ese año lectivo, un evangelista le habló al equipo de fútbol americano y casi todo el grupo aceptó a Cristo como su Salvador, en un momento divinamente inspirado.

Tony Nathan
Foto de los archivos del Periódico de Birmingham/Robert Adams.

Liderados por Tony Nathan, la futura estrella de la NFL, los Colonels deslumbraron a la comunidad deportiva de las secundarias con una extraordinaria racha ganadora de dos años que consiguió unificar a toda la ciudad. Con sus acciones dentro y fuera de la cancha, estos jóvenes demostraron amor y perdón mutuo, y fueron modelo de verdadera reconciliación. En el 2015, la historia se relató en la película Woodlawn.

Pero Nathan nunca lo hubiera conseguido por sí solo. Necesitó el apoyo del entrenador Tandy Geralds y de los compañeros de equipo que creyeron en la visión.

Lo mismo sucede con todos nosotros. Dios nos ha dado herramientas para que, como individuos, seamos una influencia positiva en el mundo, pero imagínate cuánto mayor sería nuestro impacto si nos uniéramos como un cuerpo para enfrentar los desafíos y para trabajar en pos de un propósito más elevado.

LEVANTÉMONOS JUNTOS

PRECALENTAMIENTO

EL NUDO HUMANO

Formen círculos de 10-12 personas, todas mirando hacia dentro. Extiendan un brazo hacia delante y tomen la mano de otra persona, de modo que las manos y los brazos queden entrelazados sin ningún orden; hagan lo mismo con la otra mano. Ahora viene el desafío. Tienen que intentar volver a formar un círculo perfecto, pero sin soltarse las manos. Se requiere comunicación, cooperación y sentido de humor. Tendrán que pasar por arriba, por debajo, y por entre los brazos de sus compañeros para poder conseguirlo.

Si el grupo desarma el enredo sin dificultad, se pueden probar otras variantes del juego: prohibir la comunicación verbal o vendar los ojos de algunos participantes de la ronda.

P: *¿Cuáles fueron los desafíos más grandes que tuvieron para completar esta tarea con éxito?*

Nudo humano
Nudo humano; fotografía de flickr/VSPYCC

P: *¿Por qué fue importante que todos tuvieran el mismo propósito en mente?*

ENTRENAMIENTO

A TRAVÉS DEL FUEGO

La Biblia nos proporciona muchos ejemplos valiosos de gente que se unió para cumplir los propósitos de Dios. Una de las historias más poderosas está en el libro de Daniel. En el primer capítulo, nos encontramos con que Babilonia ha conquistado Judá y se ha llevado cautivos a los jóvenes más inteligentes, para que sirvan en la corte del rey babilónico.

La mayoría de los jóvenes acataron las órdenes del rey, pero Daniel y sus tres amigos íntimos se propusieron no contaminarse, y no comieron la comida ni bebieron el vino que el rey les proveyó durante su entrenamiento para el servicio real. Pasados diez días, estaban más fuertes y más saludables que aquellos que habían seguido la dieta del rey. Dios los bendijo con mucha sabiduría y fueron ascendidos a cargos de influencia.

LEVANTÉMONOS JUNTOS

Sin embargo, en el tercer capítulo, Sadrac, Mesac y Abednego, los tres amigos de Daniel, se encontraron metidos en una situación delicada. El rey Nabucodonosor había erigido una estatua de oro de unos 20 metros (70 pies) y había ordenado que todo el mundo se inclinara y la adorara al escuchar la música de los instrumentos ceremoniales. El que no lo hiciera sería arrojado a un horno en llamas. Los tres hebreos se mantuvieron firmes y unidos, y se negaron a inclinarse. Después de ser acusados ante el rey por no cumplir el decreto, fueron llevados al horno para responder por sus acciones:

Sadrac, Mesac y Abednego le respondieron a Nabucodonosor: —¡No hace falta que nos defendamos ante su majestad! Si se nos arroja al horno en llamas, el Dios al que servimos puede librarnos del horno y de las manos de su majestad. Pero aun si nuestro Dios no lo hace así, sepa usted que no honraremos a sus dioses ni adoraremos a su estatua. Daniel 3:16-18

Los hombres hebreos fueron arrojados al horno de fuego, que el rey había hecho calentar siete veces más de lo normal. Pero Nabucodonosor pronto se dio cuenta de que el fuego no les hacía nada. Los vio que caminaban entre las llamas sin quemarse, acompañados de un cuarto hombre. El rey les dijo que salieran del horno y declaró que su Dios era el único y verdadero Dios. Fueron ascendidos a puestos aún más altos dentro del reino.

P: ¿Cómo habrías respondido si te hubieras encontrado en la misma situación que estos tres hebreos?

P: ¿En qué sentido te parece que al estar los tres unidos les fue más fácil permanecer firmes a pesar de la intensa persecución?

LEVANTÉMONOS JUNTOS

SI ESTAMOS UNIDOS, MUCHO MEJOR

Para quienes practican deportes de equipo, los conceptos de la unidad y la colaboración son fáciles de entender. A veces, no obstante, pueden surgir desacuerdos y opiniones encontradas sobre cómo alcanzar las metas del equipo. Lo mismo sucede en nuestra vida cotidiana. A menudo nos encontramos en situaciones que nos obligan a trabajar bien con otros si queremos lograr grandes cosas. La Palabra de Dios nos enseña que fuimos hechos para ser mejores cuando estamos unidos. Nos da tres razones:

1. **Es imposible hacerlo solo.** ¿Te imaginas intentando ganar un partido sin la ayuda de tus compañeros de equipo? ¿Te imaginas compitiendo en un deporte individual sin la ayuda de tu entrenador o de tu grupo de apoyo? El éxito de largo aliento no es sostenible sin un equipo que trabaja en unidad. Lo mismo es cierto de nuestra relación con Dios y el propósito para el cual nos llamó.

De hecho, aunque el cuerpo es uno solo, tiene muchos miembros, y todos los miembros, no obstante ser muchos, forman un solo cuerpo. Así sucede con Cristo. 1 Corintios 12:12

2. **La unión hace la fuerza.** Es simplemente una ley de la física. Cuantas más personas estén de tu lado, más probabilidad tendrás de alcanzar tus metas.

Uno solo puede ser vencido, pero dos pueden resistir. ¡La cuerda de tres hilos no se rompe fácilmente! Eclesiastés 4:12

3. **Hemos sido llamados para estar unidos.** Esto es lo más importante: la unidad y el trabajo en equipo fueron establecidos por Dios desde el principio de la existencia del hombre sobre la Tierra. No solo es la mejor manera de cumplir sus propósitos, sino que así también le agradamos y glorificamos.

Que el Dios que infunde aliento y perseverancia les conceda vivir juntos en armonía, conforme al ejemplo de Cristo Jesús, para que con un solo corazón y a una sola voz glorifiquen al Dios y Padre de nuestro Señor Jesucristo. Romanos 15:5-6

P: ¿Alguna vez intentaste hacer algo grande tú solo? ¿Cómo te resultó? Si hubieras tenido colaboración, ¿te habría ido mejor?

P: ¿Cuáles son algunas dificultades que tienen los equipos con la unidad?

P: ¿Estás atravesando alguna situación en la que tu equipo, familia, compañeros de clase, iglesia, comunidad, etc. se beneficiarían si enfrentaran unidos el desafío?

LEVANTÉMONOS JUNTOS

PUNTOS PRINCIPALES DE ENTRENAMIENTO

- **Todos necesitamos a alguien:** a pesar de lo fuerte que te creas, fuimos hechos para vivir en relación con personas con ideas afines, para aprender y madurar como grupo. Lee Proverbios 27:17.

- **Dios necesita nuestra unidad:** no servimos de nada a Dios cuando constantemente peleamos y discutimos dentro del Cuerpo de Cristo. Una iglesia unida es la única capaz de producir un cambio relevante en el mundo de hoy. Lee 1 Corintios 1:10.

P: ¿Qué necesitas hacer hoy para llevarte mejor con otros creyentes?

P: ¿Cuál es tu visión de lo que sucedería si los seguidores de Cristo trabajaran unidos?

CONCLUSIÓN

¡LEVANTÉMONOS JUNTOS!

Fuimos creados para vivir en comunidad. Fuimos pensados para vivir en relación. La iglesia cristiana es justamente eso. Nuestros equipos, familias, escuelas y comunidades podrían ser parte de ese cuerpo unido si nos propusiéramos dejar a un lado nuestros desacuerdos menores y concentrarnos en las verdades fundamentales de la Palabra de Dios.

Al buscar con quién formar equipo a lo largo de este camino, podrán enfrentar unidos los desafíos y experimentar el poder que promete nuestro versículo lema:

Ya te lo he ordenado: ¡Sé fuerte y valiente! ¡No tengas miedo ni te desanimes! Porque el SEÑOR tu Dios te acompañará dondequiera que vayas. Josué 1:9

ANTES DE LA PRÓXIMA REUNIÓN

Vuelve a pensar en algunas de esas situaciones que estás atravesando en las que la desunión o la falta de integración están causando problemas en tu equipo, tu familia o en otras áreas de la vida. Acuérdate de orar por la unidad y pide a Dios que traiga reconciliación y sanidad, para que puedan enfrentar unidos los desafíos y hacer algo realmente grande para la gloria de Dios.

REUNIÓN 4
LEVÁNTATE MAÑANA

BIENVENIDA

Porque yo sé muy bien los planes que tengo para ustedes —afirma el SEÑOR—, planes de bienestar y no de calamidad, a fin de darles un futuro y una esperanza. Jeremías 29:11

La familia Roberts
Fotografía: facebook.com

Una cosa es asumir hoy un compromiso de largo plazo y otra distinta es cumplirlo mañana, pasado mañana y aun tres días después de mañana. Por eso es tan importante entender tu propósito en la vida. Sin propósito será imposible mantener tu compromiso con Dios y con los demás.

Durante un culto de Navidad en 2013, Chris y Sarah Roberts escucharon un sermón que les confirmó el compromiso enorme que Dios estaba pidiéndoles que asumieran. Juntos, ya estaban cumpliendo su propósito como padres de tres hijos. Individualmente, se desempeñaban en otras actividades provechosas: Chris como entrenador principal del equipo de fútbol americano de una secundaria; Sarah, como directora del ministerio de mujeres de la filial de FCA en Oklahoma y como capellán del equipo de softball de la Universidad de Oklahoma.

La familia Roberts acogió a una pequeña niña en su hogar y comenzaron luego el proceso de adopción. Más adelante, se ofrecieron a oficiar como tutores de uno de los jugadores de Chris, Christian Osterhout, cuyo padre había muerto durante su primer año de la universidad, y más adelante lo adoptaron cuando su madre perdió la batalla contra una enfermedad incurable. Estos enormes compromisos fueron posibles porque la familia Roberts comprendía el propósito divino que inspiraba sus acciones.

«Lo único que puedo decir sobre la crianza y la adopción es que fuimos bendecidos con una carga», dijo Sarah Roberts. «Todo lo que hacemos tiene un propósito».

La familia Roberts sabe que los compromisos importantes requieren mucho esfuerzo y dedicación. Pero al igual que ellos, tú también puedes enfrentar los desafíos del mañana y cumplir el propósito que Dios tiene para tu vida.

LEVÁNTATE MAÑANA

PRECALENTAMIENTO

SÚPER PODERES

Las películas basadas en historietas son furor en la actualidad. Parecería que nunca pasan de moda. Tal vez sea porque todos secretamente desearíamos tener súper poderes como los de los héroes de la pantalla gigante e impedir que los villanos conquisten el mundo.

Coméntales a tus compañeros en el grupo qué súper poderes te agradaría tener y cómo los aprovecharías para obtener ventaja como deportista y en la vida.

Ilustración: Shutterstock/Malchev

P: ¿Por qué te parece que tendemos a admirar a los súper héroes, aun cuando sabemos que son personajes de ficción?

P: ¿Crees que es posible tener un propósito importante en la vida sin los talentos y las facultades que el mundo considera extraordinarios? Explica por qué.

ENTRENAMIENTO

SEGURO QUE SERÁ UN FRACASADO

En los álbumes de fin de curso, las fotografías de quienes se gradúan suelen estar acompañadas de comentarios como «el más divertido», «el mejor deportista» o «seguro que triunfará en la vida». Nunca se ven comentarios negativos, como «el más aburrido», «el peor deportista» o «seguro que será un fracasado».

Esta última categoría podría aplicarse a algunas personas que figuran en la Biblia. Hay muchos personajes del Antiguo Testamento en particular que parecerían destinados a fracasar en la vida o, por lo menos, a vivir en la mediocridad. Tal era el caso de una mujer llamada Rajab.

Rajab vivía en Jericó y era una prostituta. Cuando los israelitas enviaron espías a la ciudad para recabar información sobre el enemigo, estos se refugiaron en la

LEVÁNTATE MAÑANA

casa de Rajab, para esconderse de los hombres del rey que los querían atrapar. Después de salvarles la vida, Rajab les hizo prometer que, cuando los israelitas atacaran la ciudad, les perdonarían la vida a ella y a su familia (Josué 2).

Los israelitas marcharon alrededor de la ciudad y tocaron sus trompetas al séptimo día; y cuando finalmente destruyeron Jericó, Rajab y su familia se salvaron gracias a su gesto heroico. Esta mujer, la más menospreciada de la sociedad, encontró redención y propósito gracias a su fidelidad para con el pueblo de Dios.

Pero acá viene lo más increíble. Rajab no solo salvó a los dos espías, sino que también dio a luz un hijo llamado Booz, quien continuaría el linaje ancestral y sería uno de los antepasados de Jesús. Para la sociedad, Rajab había cometido tantos pecados que no valía nada. Pero Dios tenía otros planes para su vida.

P: ¿Alguna vez sentiste que no eras la persona idónea para hacer algo para Dios por causa de tus errores pasados o porque considerabas que no tenías determinados talentos o capacidades? Explica por qué.

P: ¿Cómo influye la lectura del relato de Rajab en tu manera de ver el futuro?

UN FUTURO Y UNA ESPERANZA

En Jeremías 29:11, Dios le dice a Su pueblo que tiene un plan para ellos, y que es un buen plan. Esa promesa vale también para nosotros hoy en día. No importa cómo haya sido tu pasado ni lo que pienses sobre tu idoneidad para hacer algo grande para Dios. En la Biblia hay tres enseñanzas importantes sobre el propósito.

1. **Tú tienes un propósito.** Esto es quizás lo más difícil de entender, especialmente después de un fracaso o de no haber estado a la altura de tus propias expectativas. Pero es verdad. Todos tenemos un propósito y una vocación en la vida.

No me escogieron ustedes a mí, sino que yo los escogí a ustedes y los comisioné para que vayan y den fruto, un fruto que perdure. Así el Padre les dará todo lo que le pidan en mi nombre. Juan 15:16

2. **Dios te ha dado facultades para ese propósito.** Tienes todos los talentos y las capacidades que necesitas para hacer aquello que Dios te ha llamado a hacer. Tal vez necesites volverte más diestro y poner en práctica esas facultades, pero ya tienes todo lo que necesitas para cumplir el destino que Dios te dio.

Porque somos hechura de Dios, creados en Cristo Jesús para buenas obras, las cuales Dios dispuso de antemano a fin de que las pongamos en práctica. Efesios 2:10

LEVÁNTATE MAÑANA

3. **Tu propósito es importante.** Estamos llamados a realizar diferentes tareas, pero todas contribuyen al mismo propósito fundamental de ser para la gloria de Dios y conducir a hombres y mujeres a Su reino.

Ciertamente les aseguro que el que cree en mí las obras que yo hago también él las hará, y aun las hará mayores, porque yo vuelvo al Padre. Cualquier cosa que ustedes pidan en mi nombre, yo la haré; así será glorificado el Padre en el Hijo. Juan 14:12-13

P: ¿Cuál de estas tres verdades bíblicas te resulta personalmente más difícil de creer?

P: ¿Qué cosas te llevan a dudar de su verdad? ¿Cómo te parece que esa duda te ha impedido cumplir tu propósito en la vid

PUNTOS PRINCIPALES DE ENTRENAMIENTO

- **Dios tiene un propósito:** tienes una esperanza y un futuro. De ti depende cómo decidas vivirlo. Lee Jeremías 1:5
- **El propósito de Dios es bueno:** Dios no solo quiere que todo lo que hagas sea para Su gloria, sino que también quiere colmarte de gozo y paz, y darte una vida plena y abundante. Lee Juan 10:10

CONCLUSIÓN

LEVÁNTATE MAÑANA

La vida es dura. Seguramente, muchas veces a lo largo de este proceso tendremos que enfrentar desafíos y superar fracasos. Pero si tomamos esa decisión hoy y encontramos amigos en la fe para enfrentar unidos los desafíos, avanzaremos hacia nuestro propósito divinamente establecido.

Conforme aceptes el destino para el que fuiste creado, podrás ser capaz de enfrentar el mañana, pasado mañana y aun tres días después de mañana. Experimentarás el poder que nos promete el versículo lema:

Ya te lo he ordenado: ¡Sé fuerte y valiente! ¡No tengas miedo ni te desanimes! Porque el SEÑOR tu Dios te acompañará dondequiera que vayas. Josué 1:9

ANTES DE REGRESAR A CASA

Escribe algunas de las dudas que mencionaste durante el «entrenamiento». Vuelve a leer los pasajes bíblicos que consideramos y repítelos haciéndolos tu oración, como una manera de fortalecer tu fe. Pídele a un líder que ore contigo, para pedir las fuerzas, el valor y la fe para enfrentar el mañana, y todos los días a partir de ahora.

JOSUÉ 1:9
LEVÁNTATE

TIEMPO DE ENTRENAMIENTO
31 DEVOCIONALES

Cada mañana, separa un tiempo especial al que llames «momento tranquilo» o «momento de entrenamiento». Durante este tiempo, puedes hablar con Dios y dejar que Él te hable a través de la Biblia y de Su Espíritu. Hay muchos métodos efectivos que puedes usar para tu tiempo a solas con Dios todos los días. Nosotros te sugerimos un método sencillo de cinco pasos: orar, leer, examinar, resumir y compartir.

TIEMPO DE ENTRENAMIENTO: INSTRUCCIONES

ORA...
Comienza agradeciéndole a Dios por el nuevo día, y pídele que te ayude a aprender de lo que leíste. Prepárate de la siguiente manera:

- **DESPEJA** tu mente y permanece en silencio ante el Señor
- **PÍDELE** a Dios que aquiete tu corazón
- **ESCUCHA** música de adoración para preparar tu espíritu
- **PÍDELE** a Dios que te dé un corazón dispuesto a aprender

LEE...
Una excelente manera de empezar es leyendo un proverbio cada día (hay 31 capítulos en el libro de Proverbios, así que tienes uno por día), un salmo y un capítulo del Nuevo o el Antiguo Testamento. Otra manera es comenzar con uno de los Evangelios, como Juan, o una de las epístolas más breves, como Efesios o Santiago. También puedes empezar con los primeros cuatro devocionales en esta sección: «Levántate fuerte» (p. 56), «Levántate hoy» (p. 57), «Levantémonos juntos» (p. 58), «Levántate mañana» (p. 59). Llevar un diario puede ayudar a tu desarrollo espiritual y es una manera efectiva de edificar tu fe, al recordarte cómo Dios obra en tu vida.

EXAMINA...
Hazte las siguientes preguntas respecto al pasaje bíblico que leíste:

- **ENSEÑANZA:**
  ¿Qué necesito SABER sobre Dios, sobre mí mismo y los demás?
- **REPRENSIÓN:**
  ¿Qué debo DEJAR de hacer: pecados, hábitos o patrones egoístas?
- **CORRECCIÓN:**
  ¿Qué tengo que CAMBIAR en mis pensamientos, actitudes o acciones?
- **ENTRENAMIENTO:** ¿Qué necesito HACER en obediencia a la guía de Dios?

RESUME...
Implementa alguna de las siguientes opciones para solidificar las perspectivas clave en tu mente y tu corazón:

- Descubre lo que revela el pasaje sobre Dios y Su carácter, lo que dice o promete sobre ti, y lo que afirma o promete sobre los demás: tus padres, amigos, compañeros de equipo, desconocidos y enemigos.
  Anota estas cosas en un diario personal.
- Reescribe uno o dos pasajes clave en tus propias palabras.
- Resalta lo que cada versículo expresa.
- Asigna a cada versículo un título de una palabra que resuma lo que está diciendo.

COMPARTE...

Habla con Dios sobre lo que aprendiste. Además, toma tiempo cada día para compartir con alguien de tu grupo lo que sacaste de tu «tiempo de entrenamiento». Un tiempo de entrenamiento diario es extremadamente importante. Es una de las claves para el desarrollo espiritual. Por eso, preparamos 31 devocionales para ti. Si te comprometes a realizarlos a lo largo del próximo mes, establecerás un hábito poderoso para tu crecimiento espiritual.

Me comprometo a establecer este hábito diario.

Firma

_____

Fecha

_____

TIEMPO FUERA

La FCA está orgullosa de presentar los devocionales con el tema «LEVÁNTATE», los cuales te ayudarán en la vida. Cada uno está escrito desde una perspectiva deportiva para alentarte a ser como Cristo en tu vida, dentro y fuera de la cancha. En la vida y los deportes, siempre es necesario tomarse un tiempo fuera para pensar en el propósito al vivir y jugar para Dios.

AUTORES

Hay muchos autores y editores que han aportado su tiempo, sus talentos y su experiencia para escribir estos devocionales. Los escritores incluyen representantes del mundo de los deportes. Nuestro equipo de autores tiene entrenadores, deportistas, capellanes y personal de la FCA: todos con diversos trasfondos.

TEMAS

Los temas tratados en los devocionales «Tiempo de entrenamiento» fueron creados para apoyar el lema de este año: «LEVÁNTATE».

FORMATO

- **EN SUS MARCAS**: el punto central: un versículo, pasaje o pensamiento para dirigir tu corazón y tu mente. (Te ayudará a volver a la referencia de la Escritura para que puedas leerla dentro del contexto general del pasaje.)
- **LISTOS**: la enseñanza: una historia, un punto de entrenamiento o un pensamiento tomados de una perspectiva del deporte.
- **FUERA**: aplicación: una oración, pregunta, pensamiento o acción para ayudarte a ser más como Cristo.
- **PRÓRROGA**: lectura bíblica adicional para ayudarte a profundizar y una oración para que puedas conectarte con Dios.

1 TIEMPO DE ENTRENAMIENTO

LEVÁNTATE FUERTE Hal Hiatt

EN SUS MARCAS *Yo les he dicho estas cosas para que en mí hallen paz. En este mundo afrontarán aflicciones, pero ¡anímense! Yo he vencido al mundo.* Juan 16:33

LISTOS Seguramente habrás escuchado al entrenador gritar: «¡Fuerza!». Como deportista, sabes qué quiere decir. Es la manera que tiene de animarte a enfrentar el dolor que podría impedirte rendir al máximo.

Como competidor, a veces enfrentarás desafíos mentales y tendrás que luchar contra el desánimo y la desilusión. Habrá ocasiones en que tendrás que soportar una lesión física tan dolorosa que te preguntarás si realmente deseas seguir compitiendo. Ser fuerte es una actitud que te permite superar los desafíos mentales y físicos que llevarían a otros a darse por vencidos.

Pero como deportista cristiano, la exhortación «¡Fuerza!» conlleva un significado más profundo que puede darte el triunfo en todas las circunstancias de la vida. Las palabras de Jesucristo en Juan 16:33 deberían recordarte siempre que Él ha provisto un resguardo sobrenatural que te ayudará a enfrentar los desafíos cuando lleguen los momentos difíciles. Él nos alienta: «¡Anímense! Yo he vencido al mundo». Jesús nos recuerda que tendremos adversidades. Habrá momentos difíciles en la vida. La pregunta es ¿cuándo? Si compites para Cristo, ya no tienes que preocuparte por la respuesta a esa pregunta porque sabes que Él estará siempre a tu lado.

¡FUERA!

- ¿Qué estás viviendo en este momento que te desafía a ser fuerte?
- ¿Cuál será el resultado si enfrentas este desafío y perseveras con Cristo a tu lado?
- Si eres fuerte, ¿cómo animas a los que te miran para ver cómo respondes a este desafío?

ENTRENAMIENTO Filipenses 4:13; 1 Corintios 2:5; 2 Corintios 9:8

PRÓRROGA Efesios 3:20 *Padre, recuérdame cada día que Tú siempre me ayudarás a enfrentar todos los desafíos de la vida. Amén.*

TIEMPO DE ENTRENAMIENTO

LEVÁNTATE HOY Kerry O'Neill

EN SUS MARCAS *Dirigiéndose a todos, declaró: —Si alguien quiere ser mi discípulo, que se niegue a sí mismo, lleve su cruz cada día y me siga.* Lucas 9:23

LISTOS Justo antes de terminar la universidad, me invitaron a jugar en un equipo cristiano de baloncesto llamado Spirit Express. Nos esperaba un partido contra un equipo estelar formado por los mejores jugadores de las universidades de Missouri. Mis compañeros de equipo eran completamente desconocidos y éramos tan pocos que entrábamos en una sola camioneta. Llegamos justo a tiempo para el inicio del partido. El otro equipo era todo lo opuesto: eran bien conocidos y tenían una nómina de jugadores de primera línea, con varios de ellos camino a la NBA. Mis compañeros de equipo nunca habían jugado juntos; nuestra única motivación era Cristo y el equipo. Aquella noche, el pequeño David venció al poderoso Goliat.

La clave fue el trabajo en equipo, pero para eso cada uno de nosotros tuvo que renunciar humildemente a sus propias motivaciones, sacrificar los sueños personales, y seguir las instrucciones y el plan de juego del entrenador. De igual manera, Jesús, nuestro Entrenador Jefe, nos recluta y nos lanza un desafío: si quieres estar en mi equipo, renuncia a tu egoísmo, sacrifica tus derechos y tu ego, y sígueme.

Así como puedo jugar en un equipo animado por motivaciones egoístas, es fácil acercarse a Cristo para ver qué provecho puedo obtener. Es lo opuesto a Su invitación a negarnos a nosotros mismos. Cuando pones a un lado tu egocentrismo, te liberas del deseo de salirte con la tuya y te conviertes en el compañero de juego con el que todos sueñan. ¡Imagínate un equipo lleno de jugadores así!

Que comience el campeonato. Que la gloria sea para Dios.

¡FUERA!

- ¿Cómo puede la práctica de un deporte hacernos menos egoístas?
- ¿Cuáles son algunas de las maneras en que Cristo te invita a dejar de ser egoísta?
- ¿Qué te impide seguir a Cristo con entusiasmo?

ENTRENAMIENTO Mateo 9:9; Lucas 5:11; Filipenses 2:3-4

PRÓRROGA Marcos 10:23-31 *Jesús, dame de Tu gracia para abandonar mi egoísmo y seguirte. Amén.*

3
TIEMPO DE ENTRENAMIENTO

LEVANTÉMONOS JUNTOS <small>Rex Stump</small>

EN SUS MARCAS
Llénenme de alegría teniendo un mismo parecer, un mismo amor, unidos en alma y pensamiento. Filipenses 2:2

LISTOS
El otoño es una gran estación por muchas razones: fútbol, días más frescos, vacaciones y ¡sopa! ¿Sopa? ¡Me encanta la sopa! Cuando pido sopa en un restaurante, no pido que me traigan los ingredientes: «Quisiera una taza de manteca, cebolla, harina, brócoli, sal...». No. Pido la sopa por su nombre.

La sopa es increíble porque combina muchos ingredientes a la perfección, para producir un sabor irremplazable. Ningún ingrediente de más, ninguno de menos. Todos son importantes.

Tu equipo es como una sopa. Tus compañeros de equipo son como los ingredientes que se combinan en la cancha del juego. Demasiado de una persona o demasiado poco de otra puede ir en detrimento del equipo. Para crear un equipo fabuloso se requiere la contribución, el esfuerzo y la combinación en su justa medida de los talentos individuales.

Cuando dirijo el entrenamiento o miro un evento deportivo, espero que los jugadores de mi equipo no jueguen como individuos. Quiero verlos ganar juntos. ¡Eso me llena de alegría y deseo de festejar! Así como a un entrenador le encanta ver a su equipo trabajando en unidad, Pablo expresa que se llena de alegría cuando quienes profesan la misma fe trabajan unidos. Cada uno de nosotros tendríamos que esforzarnos por compartir el amor de Dios y centrarnos en una única meta.

Tal vez tengas que esperar hasta el otoño con sus días más fríos para disfrutar un plato de sopa, pero no hay por qué esperar para disfrutar el increíble sabor de la unidad. Esfuérzate hoy para actuar con la certeza de que tus funciones y las de tus compañeros de equipo (los ingredientes) importan.

¡FUERA!
- ¿Entiendes la función que tú y tus compañeros desempeñan en tu equipo?
- ¿Qué harás para facilitar la tarea de tus compañeros de equipo?
- ¿Qué harás para animar a tus compañeros de equipo?

ENTRENAMIENTO
Colosenses 3:14; 1 Corintios 12:12-26; Hechos 2:42-47

PRÓRROGA
Padre celestial, gracias por crearnos con valor y propósito, a mí y a mis compañeros de equipo. Dame concentración y fuerza para trabajar todos juntos en unidad. Que mis esfuerzos para trabajar en unidad sean para la gloria de Tu nombre. Amén.

4 TIEMPO DE ENTRENAMIENTO

LEVÁNTATE MAÑANA
Dan Britton

EN SUS MARCAS *Porque yo sé muy bien los planes que tengo para ustedes —afirma el SEÑOR—, planes de bienestar y no de calamidad, a fin de darles un futuro y una esperanza.* Jeremías 29:11

LISTOS Cuando tenía dos años, Craig MacFarlane tuvo un accidente trágico que lo dejó ciego. Cambió su derrota en victoria cuando se convirtió en un deportista de clase mundial, con 100 medallas de oro en deportes como la lucha libre, el atletismo, el esquí y hasta 91 golpes en golf. Craig no puede ver, pero tiene una poderosa visión que alimenta su deseo de superarse.

Aunque no podemos ver ni predecir el futuro, necesitamos enfrentar el mañana con confianza, porque Dios cuida de nosotros y nos infunde esperanza. El secreto es tener la visión de Dios y no solo buena visión. Tener la visión de Dios es percibir la voluntad de Dios y asumirla de corazón. Es entusiasmarse y poseer un dinamismo que brota desde lo más profundo de nuestra alma, y que cambia la forma en que vivimos y competimos. Cuando tenemos la visión de Dios, podemos enfrentar el desafío del mañana. Si quieres enfrentar el desafío del mañana, responde las siguientes preguntas:

- ¿Tienes una visión de Dios demasiado pequeña?
- Si la visión que tienes de Dios nunca te intimida, entonces es demasiado pequeña. La visión de Dios debería ser tan grandiosa que estás destinado al fracaso si Dios no interviene.
- ¿Tienes una visión de Dios demasiado estrecha?

Si tu visión de Dios no incluye al prójimo, es demasiado estrecha. La visión de Dios debe incluir al prójimo, tus amigos y compañeros de equipo.

¿Tu visión de Dios es solo una ilusión?

Si tu visión de Dios no se cumple, entonces era solo una ilusión. La visión de Dios siempre se hace realidad.

Descubre la visión de Dios para tu vida y enfrenta el desafío del mañana.

¡FUERA!

- Como competidor, ¿tienes la visión de Dios? Escríbela.
- ¿Tu visión de Dios es demasiado pequeña? ¿Es demasiado estrecha? ¿Es solo una ilusión? Explica por qué.
- ¿Cómo puedes enfrentar el desafío del mañana?

ENTRENAMIENTO Amós 3:7; Proverbios 29:18;

PRÓRROGA «Dios, ayúdame a enfrentar el desafío del mañana. No conozco el futuro, pero te lo confío a ti. En el nombre de Jesús. Amén».

5

TIEMPO DE ENTRENAMIENTO

MENTALIDAD DE LUCHADOR   Jimmy Page

EN SUS MARCAS *Ya te lo he ordenado: ¡Sé fuerte y valiente! Porque el SEÑOR tu Dios te acompañará dondequiera que vayas.* Josué 1:9

LISTOS En una ocasión, tuve que entrenar un equipo de lacrosse que terminó invicto los playoffs. Durante la temporada enfrentamos solo dos equipos que pusieron a prueba nuestra determinación. Nunca tuvimos que remontar un resultado adverso y ganábamos los partidos por amplio margen. En la final del campeonato, el partido fue más parejo. A poco de empezar, ya íbamos perdiendo, y los jugadores comenzaron a dar muestras de frustración. Pedí tiempo para reagruparlos y recordarles qué cosas podían controlar: su actitud, sus emociones y su esfuerzo.

Fue una prueba de nuestra fuerza mental, y no estoy seguro de que nos haya ido bien. Los muchachos la pelearon, pero su frustración continua era evidente en el juego, en sus emociones y sus palabras. La fuerza mental recién aflora cuando enfrentas presión, adversidad o decepción.

Todos los competidores necesitan la mentalidad de un luchador para superar los desafíos. La fuerza mental se ve en cómo respondes cuando surgen complicaciones. Cuando las cosas se pongan feas, ¿aflorará lo mejor de ti?

Necesitamos esta misma fuerza mental en la vida. Necesitamos la fuerza sobrenatural de la promesa de Dios de que Él siempre estará con nosotros. Después de la muerte de Moisés, Josué debía conducir a los israelitas a la tierra prometida. Luego de 40 años de espera, la tarea debió de parecerle imposible. Dios sabía que Josué enfrentaría temores y dudas; por eso le infundió valor y una mentalidad luchadora al prometerle Su presencia.

Los luchadores hacen cuatro cosas: se niegan a poner excusas, disfrutan las situaciones difíciles, se recuperan de los reveses y dependen de la presencia y el poder de Dios. No hay desafío alguno que enfrentemos que Él no pueda vencer. Saber esto llena de seguridad a todos los que confían en Él.

¡FUERA!

- Cuando enfrentas desafíos, ¿pones excusas o buscas una solución?
- ¿Cuáles son algunas circunstancias que ponen a prueba tu actitud, tus emociones y tu esfuerzo?
- ¿Tienes la mentalidad de un luchador?

ENTRENAMIENTO Filipenses 3:13-14; Juan 16:33

PRÓRROGA *Padre, ayúdame a no poner excusas, a disfrutar las circunstancias difíciles y a recuperarme de los reveses. Infúndeme coraje para enfrentar la adversidad. Amén.*

6 TIEMPO DE ENTRENAMIENTO

¡SÉ FUERTE Y VALIENTE! Silas Mullis

EN SUS MARCAS *Sé fuerte y valiente [...]. Sé fuerte y muy valiente [...]. ¡Sé fuerte y valiente!* Josué 1:6-9 (NTV)

LISTOS En la película McFarland, el entrenador observa cómo su equipo compite en su primera carrera a campo traviesa. Aunque el equipo empieza bien, las pendientes del terreno los desgastan y terminan en último lugar. A la semana siguiente, el entrenador lleva a su equipo a practicar en una granja donde hay lomas bajas pero empinadas. Sopla el silbato y envía a su equipo a subir y bajar corriendo por esas lomas artificiales durante toda la práctica. Quería que su equipo creciera en fuerza y valor. Sabía que para contar con corredores fuertes, tenían que entrenar en su área débil: correr en terrenos empinados. Aunque los corredores no entendían el propósito de esas prácticas calurosas y agotadoras, al final de la temporada se habían convertido en campeones del estado.

No podemos decidir ser fuertes de un instante al otro. La fuerza es resultado de la disciplina y la perseverancia PREVIAS. En cambio, el valor requiere que sigamos esforzándonos aun cuando los resultados estén fuera de nuestro control. El valor debe estar arraigado en nuestra fe en Dios.

Cuando Dios lo puso al frente de los israelitas, Josué necesitó fuerza y valor. A medida que cumplimos los planes que Dios ha preparado para nuestra vida, nosotros también enfrentaremos batallas físicas y ataques espirituales. La fuerza y el valor combinados nos darán la victoria física, mental y espiritual.

¡FUERA!

- ¿Cómo te entrenas para ser fuerte cada día?
- ¿Cuáles son tus debilidades hoy? ¿Qué plan tienes para fortalecerte en esas áreas?
- ¿Qué haces a diario para fortalecer tu fe en Dios?

ENTRENAMIENTO Hebreos 12:11; Romanos 8:18; Tito 3:1-2

PRÓRROGA *Padre, ayúdame a ser fuerte y valiente; a llevar una vida que sea de Tu agrado. Amén.*

TIEMPO DE ENTRENAMIENTO

JUEGA PARA DIOS
Sarah Roberts

EN SUS MARCAS *Hagan lo que hagan, trabajen de buena gana, como para el Señor y no como para nadie en este mundo.* Colosenses 3:23

LISTOS Entre los deportistas circula un dicho que sirve tanto para mantenerse humilde ante los elogios de los hinchas como para proteger el corazón de la crítica: «No lean demasiado los diarios». Cuántas veces practicamos un deporte para que la gente lo disfrute, pero nos decepcionamos, frustramos y afligimos cuando los hinchas se convierten en críticos. Jugamos para recibir los elogios de la gente, en vez de hacerlo para cumplir el propósito de Dios. Fuimos creados por Dios y para Dios, para hacer grandes cosas gracias a Él.

Los sentimientos de angustia y decepción pueden abrumarnos, porque las expectativas que tenemos de la gente son las que deberíamos tener de Dios. Deberíamos esperar que Dios nos cuide y nos ame sin importar si ganamos o perdemos. Cuando jugamos, entrenamos o alentamos para un público exclusivo, Dios, hacemos todo porque Él nos ama, no para conseguir Su amor.

Por eso, pongamos a un lado los diarios, tomemos la Biblia y quedaremos completamente satisfechos con nuestro juego porque habremos jugado según la Palabra y no según el mundo.

¡FUERA!

- ¿Cómo te puedes llegar a sentir si juegas para conseguir los elogios de la gente?
- ¿Cómo te parece que se siente Dios cuando practicas el deporte para el que te dio talento?
- ¿Qué deberías hacer para no perder de vista el propósito de Dios ni dejarte llevar por los elogios de la gente?

ENTRENAMIENTO Mateo 6:1; 1 Juan 4:18; 1 Corintios 10:31

PRÓRROGA Padre celestial, gracias por los talentos y la pasión que me has dado por el deporte que tanto amo. Sé que puedo caer preso de jugar para la gente, pero realmente quiero jugar para ti y para Tu gloria. Amén.

8 TIEMPO DE ENTRENAMIENTO

ATENCIÓN EXCLUSIVA Donna Noonan

EN SUS MARCAS *Instrúyeme, SEÑOR, en tu camino para conducirme con fidelidad. Dame integridad de corazón para temer tu nombre.* Salmos 86:11

LISTOS Como atletas, conocemos la importancia de la concentración mental, de mantenernos en el presente y no permitir que las distracciones nos alejen del juego. Ya sea que tengamos que hacer un *putt* de un metro (cuatro pies) para el campeonato de golf del Abierto de Estados Unidos, que nos toque patear un tiro libre para empatar o que tengamos que interpretar la marcación de los defensas, se requiere entrenamiento y la habilidad para concentrarnos exclusivamente en esa acción. Hablamos de «estar metidos en el juego».

Nuestra relación con el Señor requiere el mismo tipo de entrenamiento y de actitud. Así como los entrenadores nos enseñan las mejores técnicas, el Señor nos enseña a través de Su Palabra. Él nos enseñará, pero de nosotros depende estar dispuestos a escuchar y aplicar las lecciones.

Un deportista no triunfa si se queda sentado durante las prácticas, escuchando al entrenador. Para mejorar su desempeño, tiene que aprender y practicar a diario. ¿Cómo podrías jugar bien un partido si lo único que hicieras fuera escuchar un *podcast* de tu entrenador una vez por semana? ¿No es igual de ilógico pensar que podemos tener una fuerte relación con el Señor con solo ir a la iglesia los domingos?

Si ya tienes un tiempo de meditación diario en la Palabra de Dios, ¡sigue adelante! Si no, ¿estás dispuesto a dedicar tiempo para conocer Sus caminos? Dios quiere lo mejor para nosotros, mucho más de lo que solemos desear para nosotros mismos. Solo puedes conocer a Dios de manera profunda y personal si te concentras en Él.

¡FUERA!

- ¿Qué significa dedicar a algo tu atención exclusiva?
- ¿Cómo es vivir conforme a Su camino?
- ¿Qué cosas cambiarías para poder dedicar más tiempo al aprendizaje de la Palabra de Dios?

ENTRENAMIENTO Salmos 86:1-17; Lucas 9:23; 2 Timoteo 2:4; 1 Timoteo 4:8

PRÓRROGA *Padre, ayúdame a amarte incondicionalmente. Amén.*

TIEMPO DE ENTRENAMIENTO

SÉ HONRADO Hal Hiatt

EN SUS MARCAS *El que es honrado se mantendrá a salvo; el de caminos perversos caerá en la fosa.* Proverbios 28:18

LISTOS Faltan ocho segundos para que termine el partido y vamos perdiendo por dos puntos. Acaba de sonar el timbre después de nuestro último tiempo muerto y ya tenemos lista la última jugada. Se hace el saque y todos nos apresuramos a ocupar nuestro lugar en la cancha. La jugada está saliendo como la planeamos y nuestro mejor tirador está sin marca cuando recibe la pelota para anotar un triple. Pero entonces... sucede lo peor. De la nada, un jugador del otro equipo salta alto e intenta desviar la pelota. Y lo consigue. En vez de volar directo al aro, la pelota cae muerta en mis manos y no tengo marca. Tengo el tiempo justo para intentar el último tiro y lanzo la pelota al aro. Justo cuando suena el timbre, mi tiro desesperado cae de la canasta. El referí nos otorga el triple. ¡Ganamos!

Pero hay un problema. Cuando bajo la mirada, me doy cuenta de que había pisado fuera de la línea con el pie izquierdo cuando hice el lanzamiento. No había ningún referí cerca y evidentemente fui el único que se dio cuenta. Todo el equipo festeja lo que parece ser una GRAN victoria. Si dijera la verdad en esta situación, mi equipo se quedaría sin el viaje al partido del campeonato de la liga. ¿Qué debería hacer?

¡FUERA!

- Nuestro versículo de la Biblia enseña que «el que es honrado se mantendrá a salvo». ¿Qué significa eso para ti?
- ¿Cuesta más decir la verdad cuando es perjudicial para otros? ¿Por qué?
- ¿Cómo haces para vencer la tentación de mentir cuando sabes que decir la verdad les costará caro a otros y a ti?

ENTRENAMIENTO Salmos 51:6; Hechos 24:16; Lucas 16:10

PRÓRROGA *Padre, ayúdame a ser honrado en todas mis decisiones, aun cuando sea costoso para otros y para mí. Amén.*

TIEMPO DE ENTRENAMIENTO

EL ENOJO — Charles Gee

EN SUS MARCAS *Y David había dicho: Ciertamente en vano he guardado todo lo que éste tiene en el desierto, sin que nada le haya faltado de todo cuanto es suyo; y él me ha vuelto mal por bien. Así haga Dios a los enemigos de David y aun les añada, que de aquí a mañana, de todo lo que fuere suyo no he de dejar con vida ni un varón.* 1 Samuel 25:21-22

LISTOS ¿Qué te hace enfadar? Brian Barnes marcó un récord por la cantidad de putts que requirió para hacer un hoyo durante el Abierto de Francia de 1968. Después de errar un golpe fácil para conseguir el par, Barnes intentó embocar en el hoyo, pero falló. Perdió el control, y golpeó la pelota una y otra vez intentando embocar al hoyo, hasta que finalmente lo logró. El resultado: ¡un doce!

El rey David sabía lo que era enojarse. Había protegido a los siervos y la tierra de Nabal; así, les había permitido trabajar sin temor y rendir más. Pero cuando envió a algunos de sus hombres a pedirle una parte de la cosecha para alimentarse, Nabal no les dio nada. David explotó de rabia y se preparó para matar a Nabal y a todos los varones de su familia.

¿Tu enojo te hace perder el control a veces? Como seguidores de Jesús, hemos sido llamados a tener estándares más elevados. Debemos perdonar a quienes nos ofenden. Es todo un desafío, pero si pensamos en el perdón que Dios nos ha dado, quizás seamos más considerados con aquellos que a nuestro entender no merecen ser perdonados.

¡FUERA!

- ¿Qué cosas te dan rabia?
- ¿Qué haces para dominarte y controlar tu enojo?
- ¿Cómo te parece que Dios podría ayudarte a dominar tu enojo?

ENTRENAMIENTO Job 5:2; Salmos 37:8; Proverbios 14:16

PRÓRROGA *Padre celestial, gracias por ser un Dios de misericordia. Enséñame a ser lento para enojarme y rápido para recordar Tu gracia y misericordia. Amén.*

TIEMPO DE ENTRENAMIENTO

UN CORAZÓN SANO
Kerry O'Neill

EN SUS MARCAS *Examíname, oh Dios, y sondea mi corazón; ponme a prueba y sondea mis pensamientos. Fíjate si voy por mal camino, y guíame por el camino eterno.* Salmos 139:23-24

LISTOS Julia quiere ser titular, pero Elisa es más talentosa y tiene la oportunidad de jugar, mientras que ella se queda en el banco. Nunca se lo confesaría a nadie, pero cuando Elisa juega mal o se lesiona, Julia siente emociones encontradas, porque eso significa que podrá jugar más tiempo. Eric se lleva bien con su compañero de equipo Jamal, pero cuando Jamal gana, Eric tiene dos sentimientos lamentables: se siente apenado por los elogios que recibe Jamal y amargado porque nadie lo elogia a él. A Sara le importa mucho más su juego que si el equipo gana o pierde.

Ninguna de estas reacciones debería estar presente en un equipo sano, pero son una realidad. Si examinas sinceramente tu corazón, quizás encuentres algunas emociones que por cierto no corresponden al corazón de un seguidor de Jesús. En el reino de Dios, donde Jesús nos manda a amar a nuestros enemigos, ¿no es lógico que debamos amar a nuestros compañeros de equipo?

¿Por qué tienes estos sentimientos que no deseas tener? Jeremías 17:9 dice: «Nada hay tan engañoso como el corazón. No tiene remedio. ¿Quién puede comprenderlo?». ¿Será posible cambiar lo que sentimos? Sí. Ora haciendo tuyas las valientes palabras del salmista: «Examíname [...]; ponme a prueba [...] fíjate si voy por mal camino».

Con la ayuda del Señor, podrás ser el compañero de equipo que todos desean tener. Tu equipo puede ser una fuente de vida, lleno de jugadores que aceptan su lugar y se alegran con el éxito de sus compañeros.

¡FUERA!

- ¿Te has sentido molesto cuando un compañero de equipo recibió un reconocimiento y hubieras deseado que no recibiera nada?
- ¿Disfrutas más el éxito personal o el éxito del equipo?
- ¿Sientes celos, rivalidad y deseo de protagonismo?

ENTRENAMIENTO 1 Pedro 4:8-9; Santiago 3:16; Marcos 12:28-31

PRÓRROGA *Padre, transforma mi corazón para reflejarte, para que pueda amar de verdad a mis compañeros de equipo. Amén.*

TIEMPO DE ENTRENAMIENTO

COMPAÑERO DE PRÁCTICA Sarah Rennicke

EN SUS MARCAS *Si el Espíritu nos da vida, andemos guiados por el Espíritu.* Gálatas 5:25

LISTOS Para incentivarnos a superarnos en nuestro deporte, a menudo nos juntamos con un compañero para entrenar: alguien que nos acompaña a levantar pesas, a correr carreras de resistencia y a realizar ejercicios de velocidad y agilidad. Nos incentivan a seguir las pautas de ejercitación y se aseguran de que no nos rendimos demasiado pronto. No les estamos agradecidos porque nos alientan desde las gradas y nos señalan qué debemos hacer a continuación, sino que forjamos un vínculo con ellos porque practican con nosotros y se someten a los mismos ejercicios extenuantes. Hacen que exigir nuestros cuerpos al límite se vuelva casi soportable, porque realizan el mismo intenso esfuerzo que nosotros. Nuestros compañeros de práctica nos impulsan a alcanzar límites físicos y mentales que nunca pensamos que seríamos capaces de mantener.

El mejor compañero de práctica espiritual que podemos tener es el Espíritu Santo. Él nos mantiene bajo control y nos impulsa a procurar los dones que Dios nos dio. Nos advierte cuando nos acercamos a terrenos peligrosos o nos encaminamos hacia obstáculos espirituales, con riesgo de agotamiento cuando intentamos arreglarnos solos en la vida. Se acerca y se pone a la par de nosotros en fuerza y velocidad, nos incentiva a intensificar nuestro entrenamiento para llegar a estar en la mejor forma y así vivir para Dios.

¡FUERA!

- ¿De qué forma podrías pedir ayuda al Espíritu Santo para vigorizar tu entrenamiento espiritual?
- ¿Qué obstáculos te impiden destacarte y alcanzar el nivel de fe que deseas?
- Cuando sientes que ya no puedes más, ¿cómo puedes pedir ayuda al Espíritu Santo?

ENTRENAMIENTO Romanos 15:13; 1 Corintios 6:19-20; Judas 1:20-21

PRÓRROGA *A Dios, gracias por el divino don del Espíritu Santo. No permitas que apague este Espíritu, sino ayúdame a procurar que Él me entrene en Tu Palabra y me fortalezca para que mi fe sea puesta a prueba y resista. Gracias porque me cuidas y me enviaste a Tu Ayudador. Amén.*

13 TIEMPO DE ENTRENAMIENTO

¿QUÉ VIENE PRIMERO? Victor Lal

EN SUS MARCAS *Como respuesta el hombre citó: —"Ama al Señor tu Dios con todo tu corazón, con todo tu ser, con todas tus fuerzas y con toda tu mente", y: "Ama a tu prójimo como a ti mismo".* Lucas 10:27

LISTOS A.B. De Villiers, el mejor jugador de cricket de la selección de Sudáfrica, tiene numerosos récords en su haber y es muy respetado en el mundo de ese deporte. «Como cristiano, mi fe es crucial en el enfoque de la vida», señala. «Jesús es todo para mí: es mi referente. Mi fe es mucho más importante que jugar para mi país. Mi fe está primero».

Todos los deportistas sueñan con jugar para la selección de su país y romper récords internacionales. Esto es siempre un reto para mí: ¿Cuál es la prioridad en mi vida? En la vida de los deportistas y los entrenadores, las prioridades siempre cambian, según los campeonatos y las competencias. En general, en el mundo de los deportes, el objetivo prioritario es ganar, y está bien que así sea. Sin embargo, hay algo más valioso que ganar.

La prioridad de A.B. De Villiers es única. Su relación con el Señor Jesús es más importante que jugar en el seleccionado nacional. Parece ser bien consciente de lo breve que es una carrera deportiva, del paso de los años y de la partida de este mundo mortal.

Los deportes son parte de un mundo caído que necesita luz, esperanza y restauración. Como deportistas cristianos, tenemos una excelente oportunidad de mostrar a los entrenadores y a otros deportistas quiénes somos, qué estamos haciendo y a dónde vamos. Hemos sido llamados a ser sal y luz en este mundo de los deportes, roto y sin esperanza.

¡FUERA!

- Como entrenador o deportista, ¿cuál es tu prioridad?
- ¿A quién quieres agradar?
- ¿Cuál es la fuerza que te anima a superarte?
- ¿Qué planes tienes para el futuro después de tu carrera deportiva?

ENTRENAMIENTO Mateo 16:26; Hebreos 11:13-16;

PRÓRROGA *Padre celestial, recuérdame todos los días que mi prioridad es amarte de todo corazón y reflejarte A TI mientras esté en esta Tierra. No puedo hacerlo sin Tu ayuda. Amén.*

TIEMPO DE ENTRENAMIENTO

FRACASOS EXITOSOS Jimmy Page

EN SUS MARCAS *Porque siete veces cae el justo, y vuelve a levantarse; Mas los impíos caerán en el mal.* Proverbios 24:16

LISTOS Hace años, mi hijo se ganó un lugar en un equipo de lacrosse de primer nivel. El entrenador tenía fama de ser duro con sus jugadores. Las prácticas eran terribles y el entrenador lo desmoralizó. Le hizo sentir que el cuadro «le quedaba grande» y lo sacaba cada vez que cometía un error. Al cabo de un tiempo, este muchacho al que le encantaba el lacrosse no quería jugar nunca más.

Lo animé a cambiar su perspectiva, a usar la adversidad para mejorar, a ser el mejor compañero de equipo y a tener la mejor actitud en el equipo. Se esforzó y adoptó una actitud positiva. El entrenador se dio cuenta. Aunque casi nunca tenía la oportunidad de jugar, usó su «fracaso» para demostrarse a sí mismo su temple. La experiencia lo ayudó a jugar en el campeonato de los mejores equipos de la Liga durante su último año, pero mejor aún fue la oportunidad de desarrollar y refinar el carácter.

Dios puede convertir aquello que consideres tu peor fracaso en una gran victoria. Le encanta convertir las derrotas en triunfos, las desilusiones en determinación y los desafíos en entereza. Tomemos por ejemplo a Pedro. Quería hacer grandes cosas, pero sufrió fracasos en el camino. No obstante, en vez de sentirse derrotado, se propuso permanecer firme con Jesús. No se concentró en el fracaso, sino en su futuro.

Considera los fracasos como oportunidades para aprender y crecer. Ve oportunidades en todos los obstáculos, posibilidades en todos los problemas y un lugar donde apoyar el pie en todas las piedras del camino. Dios tiene un propósito en cada desvío, desilusión y fracaso. No dejes que el fracaso te defina ni te derrote. En cambio, deja que Dios transforme tus circunstancias en fracasos exitosos.

¡FUERA!

- ¿Alguna vez fracasaste pero aprendiste del fracaso y lo transformaste en un éxito?
- Lee Romanos 8:28. ¿Qué te enseña sobre lo que Dios hará por nosotros, aun con nuestros fracasos?
- ¿Qué situación o desafío actual necesitas percibir de otro modo?

ENTRENAMIENTO Filipenses 1:6; Mateo 14:28-31

PRÓRROGA *Padre, gracias por mis éxitos y mis fracasos. Úsalos a ambos para Tu gloria. Amén.*

TIEMPO DE ENTRENAMIENTO

ADORACIÓN SUDOROSA
Kallie Britton

EN SUS MARCAS *Y todo lo que hagan, de palabra o de obra, háganlo en el nombre del Señor Jesús, dando gracias a Dios el Padre por medio de él.* Colosenses 3:17

LISTOS Durante el entrenamiento, los deportistas necesitan concentrarse en el ejercicio y completarlo con intensidad. Puede ser difícil concentrarse en Dios en el fragor de un partido. Muchas veces, sin darme cuenta me olvido de Dios y vuelco todos mis pensamientos y esfuerzos a mi desempeño. Al final de los partidos o de las prácticas, a veces me siento culpable por no darle a Dios la gloria que merece y, en cambio, pensar más en mi desempeño personal.

Dios nos ha bendecido a todos y cada uno con ciertos talentos y dones, y quiere que los usemos para glorificarlo. No deberíamos adorar a Dios solo en la iglesia los domingos por la mañana. Podemos usar los talentos deportivos que Dios nos dio para Su gloria y alabanza en el campo de juego. La idea de que podemos adorar a nuestro Padre celestial a través de nuestra actuación deportiva revolucionó la manera en que compito.

Al concentrar la atención y el esfuerzo en Dios durante la práctica, es más fácil recordar que estoy jugando para un público de una persona. Cuando somos capaces de competir sabiendo que nuestro arduo esfuerzo es como una adoración a los ojos de Dios, la rutina de las prácticas de pronto se vuelve más disfrutable.

Así como entrenar físicamente para ser un gran competidor lleva tiempo, también requiere tiempo entrenar nuestra mente para comprender nuestra actuación deportiva como un acto de adoración. No te desanimes si te resulta difícil concentrarte en Dios todo el tiempo, ¡requiere práctica!

¡FUERA!

- ¿Te resulta difícil glorificar a Dios cuando compites?
- ¿Alguna vez experimentaste un momento de adoración mientras competías?

ENTRENAMIENTO 1 Corintios 10:31; 1 Corintios 6:20; Romanos 12:1-2

PRÓRROGA *Padre, enséñame a usar los talentos y los dones con que Tú me has bendecido para glorificarte y alabarte dentro y fuera del ámbito deportivo. Amén.*

TIEMPO DE ENTRENAMIENTO

ANDA, VE Jimmy Page

EN SUS MARCAS *Así que disponte a partir. Voy a enviarte al faraón para que saques de Egipto a los israelitas, que son mi pueblo.* Éxodo 3:10

LISTOS Hace un par de años, animé a mi hijo a ir a un campamento deportivo de la FCA. Me pareció que le transformaría la vida. Sin embargo, a él no le entusiasmaba tanto la idea ya que disfrutaba de sus vacaciones de verano. Finalmente, pude convencerlo, y fue. Más adelante, al escucharlo hablar de las lecciones que había aprendido y de cuánto le había encantado el campamento, me di cuenta de que había valido la pena. Se decidió, se preparó y fue.

Disponerte a ir es hacer lo que Dios te pide que hagas y cumplir Su propósito en tu vida. Si no vas, te lo pierdes. No importa cómo te sientas. Decídete, prepárate y ve.

En la Biblia, Dios llamó a Moisés por nombre y le pidió que fuera y se presentara en nombre de Su pueblo ante el faraón. Dios lo liberaría y conduciría a la tierra prometida. Lo único que debía hacer Moisés era presentarse y transmitir el mensaje; Dios se encargaría del resto para Su gloria. Pero Moisés puso excusas: «No soy suficientemente bueno. No resultará. ¿Por qué no envías a otro?». Al final, obedeció y fue. El resto es historia.

Nunca se consigue algo grande si nos limitamos a lo conocido. Dios tiene grandes planes para ti. Para descubrirlos, necesitas exponerte a cosas nuevas. Da un paso de fe y confía en el poder de Dios para obrar milagros. Si no te aventuras en obediencia, nunca descubrirás lo que Dios tiene para ti. Recuérdalo: si no te decides a ir, te lo pierdes.

¡FUERA!

- ¿Por qué es importante escuchar a Dios y obedecer?
- Piensa en una ocasión cuando decidiste no presentarte. ¿Qué te perdiste?
- ¿Qué te pide Dios que hagas en este preciso momento?

ENTRENAMIENTO Juan 10:10; 1 Pedro 5:8

PRÓRROGA *Padre, gracias porque quieres obrar milagros en nosotros y por medio de nosotros. Ayúdame a escuchar Tu voz y a estar disponible cuando me llames. Amén.*

17 TIEMPO DE ENTRENAMIENTO

LA HIDRATACIÓN COMIENZA EL DÍA ANTES

Kirsty Makris

EN SUS MARCAS *Pero el que beba del agua que yo le daré, no volverá a tener sed jamás.* Juan 4:14

LISTOS Cuando comencé a correr carreras de fondo, recibí un sabio consejo de un corredor veterano. Me dijo que la hidratación comenzaba el día antes. Para estar hidratada el día de la carrera, tenía que prepararme y tomar mucha agua el día anterior. Ese sencillo consejo fue determinante en mi desempeño y recuperación.

La hidratación no solo se aplica a nuestros cuerpos físicos, sino también a nuestro espíritu y a la Palabra de Dios. En 2 Reyes 3:4-24 leemos el relato de tres reyes (Israel, Judá y Edom) que se aliaron para derrotar a Moab. Los reyes desplegaron sus tropas durante siete días, buscando a los moabitas por todos lados, hasta que se quedaron sin agua. Estaban lejos de su hogar y sintieron pánico. Pero acudieron a Eliseo, el hombre de Dios, y le preguntaron que podían hacer. Por más extraño que parezca, Eliseo les dijo que cavaran zanjas y que Dios las llenaría de agua sin enviar lluvia. Los ejércitos obedecieron esta extraña orden y, cuando el sol salió a la mañana siguiente, los moabitas miraron hacia el campamento de Israel, Judá y Edom, y creyeron erróneamente que el reflejo del sol en el agua de las zanjas era sangre. Pensaron que los israelitas se habían peleado y matado entre ellos. Cuando dejaron sus armas para recoger el botín, los israelitas se levantaron y los derrotaron.

Las zanjas representan las actividades en nuestra vida que recogen la frescura reparadora de la hidratación divina: la lectura diaria de la Palabra de Dios, la oración y la relación fraterna con otros creyentes. Estas «zanjas» son un depósito para la providencia de Dios en el corto plazo y Su protección para cuando más la necesitamos.

¡FUERA!

- ¿Qué «zanjas» estás cavando en tu vida hoy para acopiar las fuerzas reparadoras de Dios? ¿Estás cavando alguna?
- ¿Cuán «profundas» son tus zanjas? ¿Estás cavándolas solo por cumplir o estás abriendo zanjas profundas para recoger toda la provisión de Dios que puedas?

ENTRENAMIENTO Proverbios 23:12; 2 Timoteo 1:7

PRÓRROGA *Dios, haz que mi vida sea un depósito de Tu ayuda reparadora y de Tu protección. Amén.*

18
TIEMPO DE ENTRENAMIENTO

LA HORA DE LA VERDAD
Rex Stump

EN SUS MARCAS *Los doce salieron y exhortaban a la gente a que se arrepintiera.* Marcos 6:12

LISTOS Recuerdo que los viernes iba a la escuela, pero no podía con mi ansiedad. Las clases se me hacían eternas, pero finalmente terminaban y comenzaba mi ritual antes del partido: cocinar tres huevos, revisar el equipo, llegar a los vestuarios. Después de eso, vuelta a revisar el equipo, «repaso» de la táctica de campo, oración antes del partido, una arenga del entrenador y luego el equipo enfilaba a la cancha de fútbol. ¡A jugar!

Sea cual fuere el deporte, el día del partido es especial. En Marcos 6:6-13, Jesús dio Su discurso antes del partido y envió a Sus discípulos a la cancha del campeonato espiritual. ¿Qué podemos aprender del relato de este «partido» divino?

¡Ser equipo! Jesús envió a Sus jugadores de a dos y les dijo que trabajaran juntos. Cuando sirvas a Jesucristo, no lo hagas solo. Pon a un lado las diferencias, derriba las barreras raciales, abandona el orgullo egoísta y ¡trabaja con otros!

Confía en el cuidado de Dios, no en tus propios recursos. Llegada la hora de jugar, confía en toda la enseñanza y preparación del entrenador y ¡juega! Jesús les dijo a los discípulos que no llevaran nada, solo sus bastones para el camino. Les impartió Su autoridad y eso era lo único que necesitaban para llevar a cabo la tarea encomendada.

Sé responsable. Los viernes por la noche, yo era responsable de atacar, no de defender. Jesús instruyó a Su equipo y les dijo que no se preocuparan si la gente los rechazaba. Su responsabilidad era compartir el mensaje, no la reacción de quienes lo oyeran.

El Señor preparó a Su equipo para el día del partido. También nos prepara a nosotros. Si has puesto tu fe en Jesucristo, estás jugando en un EQUIPO ganador, y Él te ha preparado para la victoria.

¡FUERA!
- ¿Has dejado a un lado las diferencias para ser un buen compañero de equipo?
- ¿Confías tus decisiones diarias a Dios?
- ¿Se puede confiar en que completarás tus tareas?

ENTRENAMIENTO Juan 17:22-24; Gálatas 6:4-5; 1 Juan 4:4

PRÓRROGA *Padre celestial, hoy es día de partido. Conforme me junte con otros para servirte, confío en que Tu Espíritu me acompañará. Dame valor para hacer lo que me pides que haga hoy. Amén.*

19 TIEMPO DE ENTRENAMIENTO

PRECISIÓN Imran Tariq

EN SUS MARCAS *No todo el que me dice: «Señor, Señor», entrará en el reino de los cielos, sino sólo el que hace la voluntad de mi Padre que está en el cielo.* Mateo 7:21

LISTOS Cuando el Consejo Internacional de Cricket (ICC) anunció que el antillano Sunil Narine y el paquistaní Saeed Ajmal habían sido descalificados del mundial de cricket de 2015 por conductas sospechosas en sus lanzamientos, se produjo un revuelo. Muchos expertos se preguntaron por qué la ICC había esperado hasta el mundial para sancionar a estos jugadores y no los había sancionado al inicio de sus carreras deportivas.

La ICC ha comenzado a sancionar a los lanzadores imprecisos en su enfoque profesional. Lo mismo vale para los cristianos, al recordarnos que debemos aplicarnos para dominar lo básico, tanto en los deportes como en nuestra relación con Jesús. Las situaciones de Narine y Ajmal sirven para recordarnos la importancia de la precisión. Prestar atención a lo básico puede llevarnos no solo a destacarnos en el deporte, sino también a desarrollar un fuerte vínculo con el Señor Jesús. La concentración nos abrirá puertas que nos ayudarán a sobresalir en todas las áreas de la vida.

La Biblia nos enseña a concentrarnos exclusivamente en un propósito y una meta: amar a Dios. Cristo es el ejemplo supremo: pasaba tiempo con Su Padre en oración y procuraba obedecer Su voluntad en la vida. Recuerda, la imprecisión puede darte una alegría pasajera en los deportes, pero la precisión espiritual te dará una recompensa muy superior: la vida eterna.

¡FUERA!

- ¿Por qué te parece que es tan importante la precisión?
- ¿Qué tipo de beneficios obtienes tú, tu familia y tu comunidad, cuando te concentras en la precisión?
- ¿Qué pasos prácticos desearías dar para desarrollar tu precisión en los deportes y en tu relación con el Señor Jesús?

ENTRENAMIENTO Lucas 10:25-37; Hechos 19:11-20; Apocalipsis 3:14-22; 2 Timoteo 2:1-26

PRÓRROGA *Padre, ayúdame a brillar para ti, de modo que otros te vean reflejado en mi vida. Amén.*

20 TIEMPO DE ENTRENAMIENTO

CONSTANCIA
Rex Stump

EN SUS MARCAS *¡Grande es su amor por nosotros! ¡La fidelidad del SEÑOR es eterna! ¡Aleluya!* Salmos 117:2

LISTOS El año 1977 marcó la primera temporada de los novatos Lou Whitaker y Alan Trammell para el equipo de béisbol de los Tigers de Detroit. Jugaron de segunda base y campo corto para Detroit durante 19 años, ¡todo un récord! Entre 1982 y 1998, Cal Ripken, Jr., el campocorto de los de Orioles de Baltimore, jugó 2632 partidos seguidos. El referí de la NBA, Dick Bavetta, se retiró después de una carrera de 39 años, en la que nunca faltó a un partido asignado. Bavetta ostenta el récord de tener 2635 partidos de temporada consecutivos desde que comenzara su carrera en la NBA en 1975.

¿Por qué son tan increíbles estos récords? Para algunos, la constancia, la fidelidad y el compromiso son palabras extrañas. Parecería que en la actualidad nuestra cultura no tiene compromiso con el trabajo, las relaciones ni la fe.

El Salmo 102:25-27 proclama que todas las cosas en este mundo pasarán y cambiarán, pero Dios es siempre el mismo. Cuando algo llega a su fecha de vencimiento o se desgasta, lo botamos. A veces, las cosas parecen perder su atractivo y las cambiamos; pero Dios, no. Él no cambia. Es fiel y constante. Estuvo desde el principio del tiempo, poniendo los fundamentos de la Tierra. Todas las cosas pasarán, pero Dios siempre será el mismo.

Estos atributos de Dios nos permiten confiar en Él, porque no nos abandonará ni nos «dejará plantados». Tal vez necesitas que alguien te recuerde que no estás solo ni abandonado. Tal vez necesitas el aliento de saber que cuando todas las cosas a tu alrededor cambian vertiginosamente y no sabes en quién confiar, ¡puedes poner tu confianza en un Dios que nunca cambia!

¡FUERA!

- ¿Qué cosas parecen cambiar todos los días?
- ¿Te molesta la infidelidad de la gente? ¿Por qué?
- ¿Has confiado en nuestro Dios fiel?

ENTRENAMIENTO Lamentaciones 3:23; Salmos 102:25-27; Hebreos 13:5

PRÓRROGA *Padre celestial, Tú eres fiel y digno de confianza. Tu presencia está siempre aquí. Tu amor nunca falla. Declaro hoy que confiaré en ti. Guíame. Amén.*

TIEMPO DE ENTRENAMIENTO

PONER GARRA Charles Gee

EN SUS MARCAS *Por lo tanto, mis queridos hermanos, manténganse firmes e inconmovibles, progresando siempre en la obra del Señor, conscientes de que su trabajo en el Señor no es en vano.* 1 Corintios 15:58

LISTOS A todos nos encantan los deportistas «con garra». Son los deportistas que sobresalen gracias al esfuerzo y el tesón, más que por talento o aptitudes excepcionales. Estos deportistas no faltan nunca, siempre tienen ganas de practicar y anteponen los intereses del equipo a los propios. Para ellos, cada día es una oportunidad para mejorar como individuos y como equipo. Los deportistas con garra creen en las palabras del escritor inglés Samuel Johnson: «Las grandes obras no se consiguen por la fuerza, sino por la perseverancia». El esfuerzo sostenido en el tiempo suele ser recompensado.

Dios lo conoce y acompaña a quienes se comprometen a hacer Su voluntad. Trabajar con garra para Dios nunca es en vano. No nos dejemos vencer por el desánimo ni nos demos por vencidos. Dios quiere que nos presentemos listos para trabajar y que pensemos primero en las necesidades de los demás. Él tomará nuestro servicio y lo usará para Su propósito. Nos dará la energía para perseverar cuando las cosas se compliquen. Es un nuevo día... ¡PONLE GARRA!

¡FUERA!

- Cuando otros observan cómo juegas y te conduces, te describirían como un atleta «con garra»?
- ¿Por qué algunos deportistas temen al esfuerzo?
- ¿Cómo sería jugar con garra para Dios?

ENTRENAMIENTO Proverbios 14:23; Lucas 5:5; 2 Timoteo 4:5

PRÓRROGA *Padre, gracias por amarme. Enséñame y capacítame para jugar con garra para ti. Que nunca baje los brazos ni me dé por vencido en mi servicio a ti. Amén.*

TIEMPO DE ENTRENAMIENTO

LA PATERNIDAD IMPORTA MÁS QUE EL DESEMPEÑO
Kerry O'Neill

EN SUS MARCAS *Ustedes ya son hijos. Dios ha enviado a nuestros corazones el Espíritu de su Hijo, que clama: «¡Abba! ¡Padre!».* Gálatas 4:6

LISTOS Algunos creen que Bill Russel, el ex jugador de los Boston Celtic fue el mejor jugador de baloncesto de la historia. Jugador altruista, fue doce veces primera figura y cinco veces recibió el galardón MVP, que se otorga al mejor jugador del campeonato; jugó 13 temporadas y llegó a conseguir 50 rebotes en un solo partido. Y todo esto después de ganar dos campeonatos consecutivos de la NCAA para la Universidad de San Francisco y conseguir una medalla de oro olímpica para Estados Unidos.

Una vez, durante su carrera, una anciana se acercó en un aeropuerto a este hombre de 2,10 m (6 pies 9 pulgadas) de altura y le preguntó: «¿Eres jugador de baloncesto?». La respuesta de Russell fue absolutamente increíble y profunda. «No. Juego al baloncesto, pero eso no es lo que soy». ¡Qué respuesta! Russell la tenía clara. No cayó en la trampa tan común y tan sutil de basar su identidad en su actuación, donde la persona equipara lo que es con lo que hace. Creer que somos lo que hacemos es como estar en una montaña rusa interminable: nos sentimos los mejores cuando estamos en la cima y nos sentimos fracasados cuando estamos abajo.

Tu valor no depende de tu actuación, sino de Dios. Él te creó y te ama. Perder o ganar no afectan en nada Su amor. Jesús desafío a Sus discípulos a que pensaran más en quiénes eran y de Quién eran que en lo que hacían. «Sin embargo, no se alegren de que puedan someter a los espíritus, sino alégrense de que sus nombres están escritos en el cielo» (Lucas 10:20). ¡La paternidad (Dios es mi Padre) por encima del desempeño!

¡FUERA!

- Cuando te preguntan quién eres, ¿hablas solo de lo que haces?
- ¿Sientes que tu valor sube y baja según cómo haya sido tu actuación?
- ¿Tu identidad depende del deporte que practicas o de Cristo?

ENTRENAMIENTO 2 Corintios 6:18; Tito 3:5; Romanos 12:2; Romanos 8:14-17

PRÓRROGA *Padre, recuérdame que mi valor no depende de mi actuación, sino de lo que soy y de quién soy. Amén.*

TIEMPO DE ENTRENAMIENTO

ESCUCHANDO EN LA OSCURIDAD
Rebekah Trittipoe

EN SUS MARCAS *Escuchen, oigan mi voz; presten atención, oigan mi palabra.* Isaías 28:23

LISTOS Eran las primeras horas de la mañana. Llevaba nueve horas corriendo y todavía me quedaba un largo trecho más. Intenté no pensar en eso y reducir la carrera a tramos alcanzables. Solo tengo que llegar al siguiente puesto de asistencia.

En general, prefiero correr sola durante las carreras. De esa manera, nadie me obliga a correr más lento ni me presiona a acelerar. Había estado con un grupo y disfrutado de la compañía. Pero al volver a estar sola, mi concentración se renovó. La soledad fue breve. Después de un giro en el sendero, escuché voces que venían desde más abajo en la montaña. ¡Qué macana! Necesitaba alejarme.

Volví la vista hacia arriba y vi que la luz de la persona que iba delante giraba a la izquierda. Al regresar, me perdí el giro a la derecha. Cuando llegué al mismo lugar, giré a la izquierda y seguí, mirando de reojo a las tres luces más abajo. El recorrido de la carrera era un sendero señalizado con marcas blancas dobles y con cintas reflectoras. Vi las marcas blancas, pero no vi las cintas. A pesar de mis dudas, continué. Después de kilómetros de correr ladera abajo, llegué a un portón. A pocos metros había una marca doble, pero no era blanca, sino amarilla. Grité en la oscuridad, desesperada; no porque me hubiera perdido, sino porque sabía que tendría que regresar cuesta arriba. Era tiempo, esfuerzo y energía malgastados.

No es nada divertido perder el rumbo. En este caso, me había dado cuenta de que algo no estaba bien, pero seguí corriendo en la dirección equivocada. Hacemos lo mismo en la vida. Una voz nos susurra que nos detengamos, y estamos a punto de hacerlo. Pero, por desgracia, seguimos hasta llegar al pie de la montaña, sin más opción que girar sobre los talones y reconocer que nos equivocamos. ¿No habría sido mejor prestar atención al «susurro» del espíritu de Dios desde el principio?

¡FUERA!

- ¿Cómo podemos conocer la dirección de Dios?
- ¿Podemos confiar siempre en nuestra intuición?

ENTRENAMIENTO Jeremías 3:13

PRÓRROGA *Señor, ayúdame a prestar atención a Tu voz. Amén.*

24 TIEMPO DE ENTRENAMIENTO

LUCHA CON DIOS
Graham Sandersfield

EN SUS MARCAS *[Jacob quedó] solo. Entonces un hombre luchó con él hasta el amanecer.* Génesis 32:24

LISTOS Las investigaciones han demostrado que los luchadores internacionales a la edad de 20 años ya tienen, en promedio, más de 1000 horas de práctica que los luchadores amateur: evidencia de que la práctica intencional y la persistencia traen grandes recompensas. Jacob sin duda persistió con el hombre que luego reconoció como Dios.

De muchas maneras, el Señor quiere que luchemos con Él. La lucha libre es uno de los deportes de más contacto físico: un combate cuerpo a cuerpo, con llaves, agarres y sudor. Dios preferiría que lucháramos con Él cuando no entendemos la vida, cuando las cosas salen mal, cuando nos atacan, cuando necesitamos desesperadamente que Él nos bendiga. ¿Por qué? Porque hay solo un ganador cuando luchamos con Dios. Cuando luchamos con Él, no lo ignoramos ni huimos, y si persistimos, seremos bendecidos. Su voluntad y Su plan se cumplirán.

Jacob estaba atrapado entre su hermano y su suegro; los había engañado a los dos y ambos deseaban vengarse. Al final, Jacob hizo lo que todos deberíamos hacer: reconoció sus pecados, sus debilidades y sus fracasos… todo aquello que lo había metido en problemas. Jacob quedó rengueando y agotado después de luchar con Dios toda la noche. Cuando se dio cuenta de que no podía seguir sin Dios, dejó de luchar; entonces, recibió la bendición divina. La vida no siempre será fácil, pero persevera siempre cerca de Dios.

¡FUERA!

- ¿Qué te ha llamado Dios a hacer en la vida?
- ¿Hay algo sobre ese llamado, o alguna cosa en tu vida, que no entiendes o que representa una lucha para ti?
- ¿Te mantienes cerca de Dios con persistencia, luchando con Su Palabra y en oración?

ENTRENAMIENTO Filipenses 3:14; Proverbios 24:16; Lucas 11:5-10; Génesis 32

PRÓRROGA *Padre, ayúdame a perseverar cuando la vida se convierta en una lucha, a mantenerme a Tu lado y a intentar comprender Tu perfecta voluntad hasta ver Tu bendición. Amén.*

25

TIEMPO DE ENTRENAMIENTO

VEINTE SEGUNDOS DE LOCURA
Rex Stump

EN SUS MARCAS *El que es negligente en su trabajo confraterniza con el que es destructivo.* Proverbios 18:9

LISTOS En la película, «Un zoológico en casa», Matt Damon hace el papel de un escritor inglés que rescata de la quiebra a un zoológico y, en el proceso, aprende a aceptar su vida como padre solo. En la película dice: «A veces, lo único que necesitas son veinte segundos de locura». ¡Me encanta! Pero ¿será verdad? ¡Sí!

En la Biblia, ¿cuánto tardó Pedro en salir de la barca y caminar sobre el mar para llegar a Jesús? ¿Cuánto le llevó a la mujer con hemorragias extender la mano y tocar la túnica del Señor? ¿Cuánto demoró David en despojarse de su armadura y embestir contra Goliat?

Tu vida puede cambiar en un instante. Un momento, una decisión y, de pronto, te encuentras yendo en otro sentido. Puede ser algo malo. Pero también puede ser algo bueno. Es hora de lanzarse de lleno por Dios. Es hora de ponernos algunas metas grandiosas, dignas de Él. Deja de fijarte en los problemas y sé parte de la solución. Todo comienza con un primer paso de fe y veinte segundos de locura.

Te desafío a compartir tu testimonio. Ora por un amigo. Dirige la reunión de FCA o un grupo de jóvenes de estudio bíblico. Ofrécete para orar. Comparte tu fe. Levántate y vete cuando en un grupo el ambiente se torna vulgar o irrespetuoso. Quema los puentes del pecado y abre nuevos senderos para Dios. Hazle un comentario agradable y alentador a la persona que te atiende en la caja. Veinte segundos de loco valor para Dios. ¡Anímate!

¡FUERA!

- ¿Qué riesgos importantes has corrido en tu vida?
- ¿Qué meta extrema para Dios te fijarás hoy?
- ¿Quién controlará que la cumplas?

ENTRENAMIENTO Filipenses 3:14; Deuteronomio 31:6; Josué 1:9

PRÓRROGA Padre celestial, infúndeme la fuerza de Tu Espíritu para animarme a tener veinte segundos de loco valor dedicados a ti. Ayúdame a no cohibirme, sino a vivir con valor para ti. Amén.

TIEMPO DE ENTRENAMIENTO

¡DESTIERRA EL FACTOR TEMOR! Rex Stump

EN SUS MARCAS *[Los discípulos estaban] llenos de miedo por lo que veían. Pero él habló en seguida con ellos y les dijo: «¡Cálmense! Soy yo. No tengan miedo».* Marcos 6:50

LISTOS Las arañas, los monstruos y la oscuridad pueden causar temores y provocar gritos de terror. El cáncer, el fracaso, la muerte y la soledad también pueden despertar temores en nuestra vida. En los deportes, tememos fracasar, perder, lesionarnos, no ser convocados o incluso ser despedidos si somos entrenadores.

Los temores no discriminan por raza, sexo ni edad. Poco les importa lo bueno que sea o que no sea tu equipo. Y mucho menos les importan tus finanzas, tu lugar de residencia o tu apariencia física. El temor es el mejor amigo del diablo y un enemigo de Jesucristo. Quiere paralizarte y destruir tu vida.

Leemos en Marcos 6 que Jesús se retiró a las colinas a orar, mientras los discípulos se hallaban en medio del lago. Cuando se levantó de repente una tormenta, estaban en problemas. A las tres de la madrugada, Jesús caminó sobre el agua; ¡había salido a dar un paseo sobre las olas del lago! La Biblia dice que iba caminando sobre el agua con intención de «pasarlos de largo», pero no lo hizo. Los discípulos pensaron que era un fantasma. Llenos de terror, gritaron a Jesús. Y el que iba detrás de ellos, con ellos y delante de ellos les dijo: «¡No tengan miedo! ¡Cálmense! Soy yo». Entonces, subió a la barca. Podría haber terminado su paseo. En cambio, prefirió demostrarles Su presencia y sentarse en la barca con ellos. La tormenta se calmó, los discípulos quedaron asombrados, ¡y el temor desapareció!

La vida es dura y siempre habrá algo que nos produzca temor. Encuentra consuelo y paz en Jesucristo. Aquel que puede caminar sobre el agua y calmar las tormentas camina detrás de ti, contigo y delante de ti.

¡FUERA!

- ¿A qué le tienes miedo?
- ¿Cómo manejas tus temores?
- ¿Qué puedes hacer para recordar que Dios está contigo?

ENTRENAMIENTO Isaías 41:10; Marcos 6:45-52; Romanos 8:38

PRÓRROGA *Padre celestial, acompáñame en mi barca. Calma las tormentas de mi vida. Gracias por sentarte ahora a mi lado. Amén.*

27 TIEMPO DE ENTRENAMIENTO

PERSEVERANCIA
Kallie Britton

EN SUS MARCAS *Y no sólo en esto, sino también en nuestros sufrimientos, porque sabemos que el sufrimiento produce perseverancia; la perseverancia, entereza de carácter; la entereza de carácter, esperanza.*
Romanos 5:3-4

LISTOS Cuando dejé de jugar lacrosse en la secundaria y pasé a los campeonatos mucho más competitivos de la universidad, de pronto me encontré sumido en un entrenamiento intenso y extenuante. Algunos días, me preguntaba si no sería mejor renunciar, dado lo difícil que eran las prácticas.

En una temporada, el entrenador puso una prueba de aptitud física que había que superar para poder competir en el campo de juego. Si no pasábamos la prueba, no podíamos jugar. Recuerdo que sentía un peso enorme sobre los hombros, y estaba muy ansioso y nervioso porque temía no pasar la prueba. La primera vez no la pasé. Tampoco pasé la segunda, ni la tercera. Recién conseguí pasar la prueba a la octava vez.

Durante ese tiempo, varias veces deseé renunciar y dejar de jugar. Sin embargo, no dejé de jugar y me alegra haber perseverado. Las lecciones que aprendí sobre mí durante ese período de estrés y frustración valieron todo el sudor, la sangre y las lágrimas que me costaron.

Cuando se presenten las dificultades, debemos perseverar y seguir adelante; no solo en los deportes, sino también en nuestro caminar con Cristo. Cuando te enfrentes a pruebas y aflicciones en la vida, ¿cuál será tu respuesta? ¿Renunciarás o perseverarás y seguirás adelante? Dios quiere enseñarnos muchas hermosas lecciones, pero debemos confiar en Su fuerza para aprenderlas y saber que nuestro carácter se fortalece durante la prueba.

¡FUERA!

- ¿Alguna vez deseaste renunciar?
- ¿Qué lecciones te enseñó la perseverancia?
- ¿Crees que Dios usa nuestras aflicciones para refinar nuestro carácter?

ENTRENAMIENTO Gálatas 6:9; Colosenses 1:11; Romanos 12:12

PRÓRROGA *Padre, ayúdame a depender de ti y a confiar en ti durante los tiempos difíciles. Amén.*

28 TIEMPO DE ENTRENAMIENTO

EL VÉRTIGO DEL FUTURO
Sarah Roberts

EN SUS MARCAS *Estén siempre alegres, oren sin cesar, den gracias a Dios en toda situación, porque esta es su voluntad para ustedes en Cristo Jesús.* 1 Tesalonicenses 5:16-18

LISTOS Como entrenadores y deportistas, podemos quedar fácilmente atrapados en el vértigo del futuro. Por esto ya no hay recesos en las temporadas. Las prácticas de pretemporada son justamente eso: preparación para el futuro, para el próximo torneo, para el siguiente campeonato, para lo siguiente en tu vida. Podemos ponernos tan ansiosos por el futuro que tenemos dificultad para disfrutar el presente.

Nuestras preocupaciones, temores y ansiedades sobre «lo que se viene» pueden hacer que nos concentremos tanto en lo que nos deparará el mañana que nos paralizamos y perdemos todo lo que Dios quiere enseñarnos hoy. Por eso, Pablo nos anima en 1 Tesalonicenses 5:16-18: «Estén siempre alegres, oren sin cesar, den gracias a Dios en toda situación, porque esta es su voluntad para ustedes en Cristo Jesús».

No nos pongamos ansiosos por el siguiente contrincante; Dios ya está allí. No tenemos que estresarnos por el siguiente trabajo como entrenador; Dios ya está allí. Estemos alegres, oremos y seamos agradecidos hoy, exactamente donde Dios nos ha puesto.

¡FUERA!

- ¿Qué parte del futuro te produce ansiedad o temor?
- ¿De qué manera el pensar en «lo que se viene» te despoja de la alegría del «ahora»?
- En 1 Tesalonicenses 5:16-18 se nos exhorta a hacer tres cosas cada día para asegurarnos de que estamos viviendo conforme a la voluntad de Dios. ¿Cuál te resulta más difícil? ¿Cuál te resulta más fácil?

ENTRENAMIENTO Mateo 6:33; Mateo 6:25-34; Jeremías 29:11

PRÓRROGA *Padre celestial, gracias porque no tenemos por qué temer al futuro, sino que podemos alegrarnos en el presente. Señor, ayúdame a poner a Tus pies los temores, las preocupaciones y las ansiedades, porque Tú cuidas de mí. Ayúdame a estar alegre, a orar continuamente y a darte gracias cada día, para saber que vivo conforme a Tu voluntad. Amén.*

29 TIEMPO DE ENTRENAMIENTO

CONTRA LA CORRIENTE Jimmy Page

EN SUS MARCAS *No se amolden al mundo actual, sino sean transformados mediante la renovación de su mente. Así podrán comprobar cuál es la voluntad de Dios, buena, agradable y perfecta.* Romanos 12:2

LISTOS A medida que progresas en tu deporte y asciendes a categorías superiores en la secundaria o la universidad, la presión para obrar contra tus valores se intensifica: presiones del grupo para usar malas palabras, para que te rías de chistes ofensivos y mires videos indecentes. Podrían arrastrarte a la bebida, las drogas y la promiscuidad sexual.

Todos sentimos el deseo de ser aceptados por un grupo. Amoldarnos no requiere esfuerzo. Seguir a la mayoría es fácil. Al instante te sientes parte del grupo, sin esfuerzo ni tensión. Pero seguir la corriente nunca produce grandeza.

La Biblia está llena de ejemplos de gente que se resistió a seguir la corriente, como José, Ester y Daniel. Sus vidas nos animan a hacer lo mismo. Dios quiere que seas el que no usa malas palabras, el que no se queja del entrenador, el que no renuncia a sus valores para caer bien. Él quiere que juegues y que vivas sin drogas y sin alcohol. Quiere que te mantengas puro. Quiere que comiences tu día meditando en la Palabra.

Observa a tu alrededor. ¿Qué hace el resto? ¿Cuidan de su salud, o comen comida chatarra? ¿Se divierten mirando porquerías en internet, o protegen su corazón? ¿Propagan chismes a costa de otras personas? Casi con seguridad, si todo el mundo lo hace, tú tal vez no deberías hacerlo.

Dios quiere que te levantes y sobresalgas. La vida consagrada a Dios requiere que vayamos en contra de la corriente.

JOSUÉ 1:9

¡FUERA!

- ¿Te dejas llevar por la corriente o te resistes a ella? ¿De qué maneras tu vida se asemeja a la de los demás o no?
- ¿En qué ámbitos claves de tu vida necesitas cambiar de dirección y dejar de seguir la corriente?

ENTRENAMIENTO Romanos 12:1-2; 1 Timoteo 4:12-13

PRÓRROGA *Padre, ayúdanos a no seguir la corriente. Danos el valor que necesitamos para obrar con rectitud y ser diferentes, especialmente cuando somos los únicos. Amén.*

TIEMPO DE ENTRENAMIENTO

MANTÉN EL RUMBO Sarah Rennicke

EN SUS MARCAS *Ustedes estaban corriendo bien. ¿Quién los estorbó para que dejaran de obedecer a la verdad?* Gálatas 5:7

LISTOS Muchos kilómetos quedan atrás. Solo resta poco más de medio kilómetro. El último impulso, el último esfuerzo mental y físico para seguir y cruzar la meta. Fue una carrera dura: un calor no previsto, largos trechos en subida y en bajada, que te obligaban a alternar el ritmo. Pero el entrenamiento te preparó para este reto, y controlaste tu paso y la respiración, y conseguiste mantener el ritmo que te habías propuesto.

Solo faltan 180 metros (200 yardas). La atmósfera se llena de voces que te alientan a seguir, pero tú te concentras en la carrera, en los movimientos que conoces tan bien. Ya casi no falta nada, pero no puedes aflojar. Tus pies se lanzan a un último impulso de velocidad.

En nuestra carrera espiritual, reflexionamos en las Escrituras, nos juntamos con amigos afines a quienes podamos rendirles cuentas y nos mantenemos en sintonía con la voz de Dios mediante la oración. Nos protegemos con la armadura de Dios, para no caer ante los avances del enemigo. Y vaya si nos cansamos con la resistencia que se requiere para no perder el rumbo.

Pero nuestros ojos están puestos en la meta: Jesús, con los brazos abiertos, la voz ronca de tanto alentarnos: «¡Sigue corriendo! No te desanimes. Yo estoy contigo y te daré fuerzas para llegar a la meta».

¡FUERA!

- ¿Qué puedes hacer para fortalecer tu resistencia espiritual?
- ¿Cómo puedes descansar en Dios cuando tu alma se cansa?
- ¿Qué personajes de la Biblia admiras, por la forma en que corrieron su carrera?

ENTRENAMIENTO 2 Tesalonicenses 3:4-5; Efesios 6:10-17; Hebreos 12:1-2

PRÓRROGA *Señor, quiero practicar con el corazón y el alma, para aprenderme el recorrido de la carrera y correr bien. Sin embargo, a veces, mi fe tropieza y siento todo el peso del mundo sobre mí. Refréscame hoy con Tu energía y amor, y dame de Tu gracia para continuar y mantener la vista puesta en ti. Amén.*

TIEMPO DE ENTRENAMIENTO

POR AMOR AL JUEGO
Rebekah Trittipoe

EN SUS MARCAS *Éste es el día en que el SEÑOR actuó; regocijémonos y alegrémonos en él.* Salmos 118:24

LISTOS La corredora corría con viento en contra; cada ráfaga amenazaba con hacerla resbalar por la montaña. El sendero estaba cubierto de hielo; el aire que respiraba era gélido. Sus piernas le pesaban como cemento. Pero esta corredora de fondo no tenía dudas de que debía continuar. El deporte requería correr largas y duras millas, aun cuando el gusto por el ejercicio fuera nulo. Dolor y sufrimiento. Eso es el deporte ¿no? Tal vez no.

Para adquirir aptitud física se requiere un grado de molestia tal que obliga al cuerpo y a la mente a llegar a lugares desconocidos. La corredora de fondo tiene que correr kilómetros y kilómetros para disponer de una base aeróbica formidable. La alternancia de repeticiones cuesta arriba e intervalos desplaza aún más los umbrales de lactato y anaeróbicos. Condiciona sus cuádriceps cuando corre cuesta abajo. Ninguna de estas actividades es placentera, pero todas son necesarias.

Y pobre de quien practique un deporte y pierda de vista la alegría en medio del esfuerzo. ¿Qué hubiera sido de Eric Liddel, el corredor escocés olímpico de la película Carrozas de fuego, si no hubiera mirado más allá del dolor para recordar el sencillo gozo de correr? ¿Hubiera podido decir: «Creo que Dios me hizo para un propósito, pero también me hizo rápido. Cuando corro, siento que estoy agradándole»?

Cuando surjan dificultades, recordemos las pequeñas cosas. Seamos agradecidos por el talento que tenemos para correr, saltar o lanzar objetos. Alegrémonos de sentir el viento cuando corremos. Escuchemos los latidos del corazón, a medida que el cuerpo responde milagrosamente a las exigencias. Recuerda: «Éste es el día en que el SEÑOR actuó; regocijémonos y alegrémonos en él».

¡FUERA!

- ¿Por qué cosas estás agradecido?
- Recuerda una ocasión en que el entrenamiento se te volvió demasiado pesado. ¿Por qué habías perdido la alegría?
- ¿Qué podría llegar a pasarle a un deportista si pierde la alegría del juego?

ENTRENAMIENTO Salmos 59:16; Salmos 92:4; Salmos 95:1

PRÓRROGA *Señor, ayúdame a descubrir la alegría en el deporte que Tú me has dado para practicar. Te lo agradezco por siempre. Amén.*

JOSUÉ 1:9
LEVÁNTATE

PRECALENTAMIENTOS

Los «Precalentamientos» de las páginas siguientes tienen íconos que corresponden a los que se encuentran en «Temas de la vida», al comienzo de la Biblia. También puedes usar los «Precalentamientos» con cualquiera de los «Temas de deportistas» para empezar o mejorar los debates grupales.

PRECALENTAMIENTOS

PARES

Ganar. Perder. Empatar	92
Persecución automovilística	99
Calcular el total	103
Perfil personal	108
Quizás. Quizás no.	111
Decisión amigable	120
Usar lo que tengo	124
Medir tus sentimientos	128
Protagonismo	133

GRUPOS DE CUATRO

Todo tuyo	91
Tiempo de prueba	92
Cartografía personal	93
Tú decides	95
Similitudes	95
Para poner en práctica	96
Nivel avanzado	98
Máximo impacto	99
¿Amigo o enemigo de la salud?	100
Tratamiento de emergencia	101
No meterse en problemas	103
El Sr. Cara de Papa se volvió loco	104
Bajo la influencia	107
El trabajo de tu vida	108
Caminata	111
Piénsalo	115
El árbol de mi vida	117
Testamento vital	117
Evaluación de camaradería	118
El lugar es lo más importante	119
Categorías ganadoras	121
Buenos momentos	123
El mejor	124
2050	134
Crisis evitada	136
Diez mil dólares	137
Reglas: ¿Cumplir, manipular o romper?	138

PRECALENTAMIENTOS

CÍRCULOS DE OCHO

Sin duda alguna	90
Con los nervios de punta	94
Para ti	96
Caso cerrado	100
Lo mejor	102
Casi abrumado	106
Hora de decidirse	110
En un dilema	112
Sin bajar los brazos	114
Alarmante	115
Bien o mal	116
La mejor opción	122
Respuesta de emergencia	123
Seguridad	125
Juego nuevo	126
Pasan cosas malas	127
Jesús y yo	127
Náufrago	128
¿Preferirías...?	129
En el camino	130
Chequeo	131
Sueños y pesadillas	132
¡Lo tengo!	133
Carrera a futuro	137

TODO EL GRUPO

Asuntos familiares	91
Contactos de emergencia	97
Me gusta o me encanta	104
Escuchar voces	105
Aventura salvaje	107
Como Cristo	109
¡Gracias!	112
¿Quién es tu compañero?	113
Charla de autos	119
¿Escucho cincuenta?	120
Esquiva a Juan	131
Infusión divina	134
Penal	135
Tiempo suspendido	138

PRECALENTAMIENTOS

SIN DUDA ALGUNA

Formen grupos de unas ocho personas. Dentro de poco comenzarás el último año de la secundaria o tal vez te parece que falta una eternidad para ese día. Ya sea que falte poco o mucho tiempo para recibir ese diploma, sin duda alguna los días por delante estarán llenos de experiencias grandiosas (y algunas no tan grandiosas).

Piensa en las personas que integran tu grupo. ¿Cuáles son algunas cosas que seguramente conseguirán hacer en el futuro? Algunas quizás parezcan obvias. Muchas te sorprenderán. Lee las siguientes afirmaciones y luego digan en voz alta los nombres de las personas del grupo con más probabilidades de llegar a hacer una de estas cosas.

Recorrer el país a pie para juntar fondos para una caridad

Convertirse en millonario

Ganarse la vida como comediante

Ir a Marte

Vivir en la selva

Hacer una carrera militar y recibir condecoraciones

Escribir una novela que se convierta en éxito de ventas

Producir una película

Protagonizar una película

Convertirse en deportista profesional

Tener una familia grande

Servir como misionero

Ser el mejor vendedor de la compañía

Inventar algo que cambiará el mundo

Ser consejero en una escuela

Descubrir un planeta

Encontrar la cura del cáncer

Conseguir un récord mundial

Convertirse en una figura famosa en los medios de comunicación

Realizar conciertos con entradas agotadas

PRECALENTAMIENTOS

ASUNTOS FAMILIARES

Pregunta: «¿Qué es lo más gracioso que hiciste que te haya metido en problemas en tu casa?». Después de escuchar las respuestas, realicen un juego que coloque a todos en cuatro o más grupos de aproximadamente la misma cantidad de personas. Considera agrupar a los alumnos según el orden de nacimiento, el tamaño de la familia inmediata o alguna otra temática familiar. En estos grupos, reflexionen sobre las siguientes preguntas de la niñez, y luego hablen sobre las respuestas.

¿Qué aprendiste de los conflictos con tus padres y tus hermanos?
- Escucharnos mutuamente aclara muchos conflictos.
- Siempre pedir perdón (incluso si tienes razón).
- Lo mejor es hablar las cosas.
- Incluso los padres pueden equivocarse a veces.
- Lo que tus padres no saben no los lastima (lo mismo sucede contigo).
- Es mejor enfrentar el conflicto y resolverlo que intentar esconderlo o ignorarlo.

En tu estilo normal de manejo de conflictos familiares, ¿a qué te pareces más?
- A un halcón: vuelo sobre todo y elijo mis objetivos.
- A un avestruz: escondo la cabeza en la arena hasta que pase todo.
- A un gato: en silencio, me escapo y después rasguño el sofá mientras nadie mira.
- A un delfín: puedo pelear si es necesario, pero prefiero irme nadando.
- A un zorro: uso mi cerebro para ganar.

TODO TUYO

¿Qué harías si el mundo y todo lo que hay en él estuvieran a tu disposición? De la lista, selecciona tres cosas que te resulten más atractivas. Después, júntate hasta con cuatro personas y hablen de sus decisiones.

- Romance
- Una vida libre de estrés
- Una familia unida
- Una relación auténtica
- Éxito
- Buena salud
- Vivir en una granja
- Ganar la lotería
- Seguridad y un trabajo satisfactorio
- Un departamento lujoso
- Riquezas
- Una fe sólida
- Una casa con un patio cercado
- Popularidad
- Un cuerpo perfecto

PRECALENTAMIENTOS

GANAR. PERDER. EMPATAR

Pocas cosas hay en la vida que nos resulten neutrales. La mayoría de las veces, a la gente le agrada algo o le desagrada. Y también se podría decir que la mayoría prefiere ganar a perder.

Busca un compañero. Lee la siguiente lista de situaciones. En cada caso, decide si para ti significa ganar, perder o empatar. Encierra con un círculo la letra correspondiente: «G» si ganas, «P» si pierdes o «E» si empatas. Compara y comenta tus respuestas con tu compañero. Hablen de las similitudes y diferencias. ¿Definen ganar y perder de la misma manera?

G P E Tengo planes con mis amigos para este fin de semana.
G P E Pasé el examen con lo mínimo: no había estudiado.
G P E Parece que tendré que volver a dar el examen de ingreso a la universidad.
G P E Mis padres viajan mucho por negocios.
G P E Obtuve la calificación más alta de la clase en una prueba.
G P E Me hice un chequeo físico, y estoy perfectamente sano.
G P E Nuestra familia está pensando en adoptar.
G P E La semana que viene tendremos un profesor suplente.
G P E Todo parece indicar que voy camino a que me acepte la universidad que prefiero.
G P E Estuve todo el partido en el banco de suplentes.

TIEMPO DE PRUEBA

1. *¿Por qué Dios se aseguró de que Adán y Eva enfrentaran las consecuencias de la desobediencia?*

○ Quería protegerlos.
○ Quería que entendieran el pecado.
○ Quería que valoraran la libertad.
○ Quería prepararlos para la tentación.
○ Quería mostrarles Su justicia.
○ Otro: _____

2. *¿Cuál es la mejor acción inmediata que puedes realizar cuando te ves tentado?*

○ Pedirles consejo a tus amigos.
○ Hablar con tus padres al respecto.
○ Pedirle a Dios que te dé la fortaleza para resistir.
○ Pedirle a Dios la sabiduría para manejar la situación.
○ Citar un versículo bíblico.
○ Ignorar el tema.
○ Otro: _____

3. *¿A qué figuras de autoridad te cuesta más someterte? ¿Por qué?*

4. *¿Con qué disposición te sometes a la autoridad de Dios? ¿Cómo pueden ver los demás que te sometes a la voluntad de Dios?*

PRECALENTAMIENTOS

CARTOGRAFÍA PERSONAL

En el mapa de más abajo, indica algunos eventos significativos que hayan ocurrido en tu vida, así como algunos que anticipes en el futuro. Hemos proporcionado varios eventos para que elijas. Después de usar las letras provistas para indicar estos sucesos de vida, añade otros que consideres que son una parte importante de tu pasado, presente y futuro. Si alguno de estos sucesos ocurrió fuera del país, estima su ubicación.

Luego, reúnanse en grupos de cuatro y hablen sobre sus mapas y eventos significativos.

N Lugar donde nací

I Lugar donde pasé la mayor parte de mi infancia

V Mi vacación favorita

D Lugar donde Dios se hizo real para mí

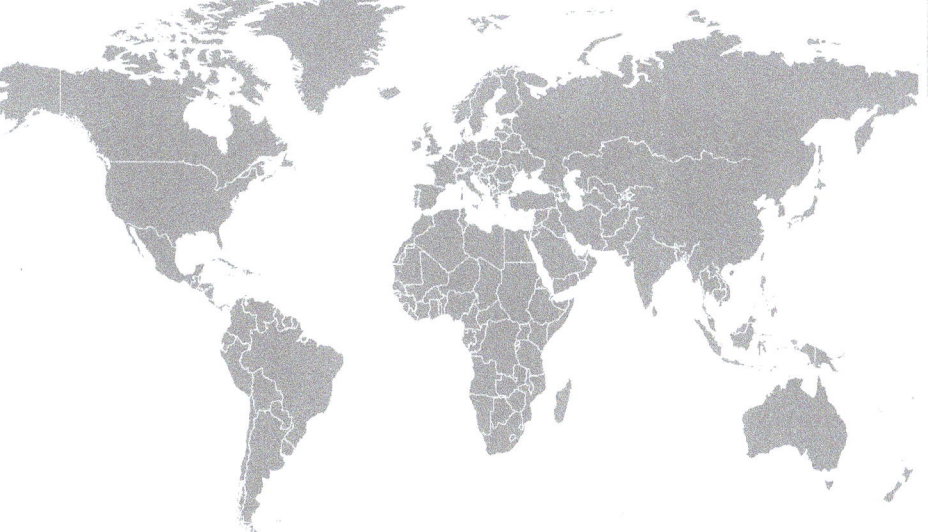

PRECALENTAMIENTOS

CON LOS NERVIOS DE PUNTA

CLNDP. Cuando algo te pone los nervios de punta, estás cerca de perder los estribos. Te arriesgas a montar en cólera. Cuando alguien te pone los nervios de punta, está probando los límites de tu paciencia, y le convendría alejarse antes de sentir la intensidad de tu enojo.

¿Qué te molesta a tal punto de «perder la cabeza»? Considera la siguiente lista: Divídanse en grupos de hasta ocho personas. Que un miembro del grupo lea la primera línea. Antes de dar la respuesta, permite que otros miembros del grupo adivinen. Túrnense para leer cada línea, dejando que los demás adivinen la respuesta, y después, hablen de lo que respondieron.

Me pone los nervios de punta	Siempre	Nunca	Depende
Los conductores que se pegan a tu automóvil	○	○	○
Alguien que mastica con la boca abierta	○	○	○
Una canción molesta que te queda atascada en la cabeza	○	○	○
Los fanáticos insoportables	○	○	○
Los alumnos que quieren saber cuál fue tu calificación	○	○	○
La gente que cambia de planes a último momento	○	○	○
Un teléfono que suena en el cine	○	○	○
Tener puesta una media y no poder encontrar la otra	○	○	○
Quedarte sin papel higiénico cuando verdaderamente lo necesitas	○	○	○
Alguien que siempre llega tarde	○	○	○
Una persona que canta desafinado y a todo volumen	○	○	○
Ir en el asiento trasero del auto	○	○	○
Un profesor monótono	○	○	○
Alguien que habla y habla, y habla	○	○	○
Cuando cancelan tu programa favorito por un anuncio especial	○	○	○
Los mentirosos	○	○	○
La persona que tose sin cubrirse la boca	○	○	○
Que se hagan sonar los nudillos	○	○	○
Esperar en fila	○	○	○
Los hermanos que toman la ropa prestada sin preguntar	○	○	○

PRECALENTAMIENTOS

TÚ DECIDES

En grupos de unas cuatro personas, hablen sobre quién influye en las decisiones que tomas. Quizás tomes algunas decisiones por tu cuenta. Pero no te dejes engañar. Aun si no eres consciente de las influencias en tu vida, alguien siempre está aportando a lo que haces. Piensa bien antes de responder. Piensa en las personas de las distintas áreas de tu vida. Considera los medios que te rodean.

Tus decisiones

	Mis padres	Mi hermano/hermana	Mis amigos	Mis maestros/entrenadores	Mi grupo de la iglesia/de la FCA	Música/películas/medios sociales
Cómo paso mi tiempo	○	○	○	○	○	○
Cómo gasto mi dinero	○	○	○	○	○	○
Qué miro y qué escucho	○	○	○	○	○	○
Qué ropa me pongo	○	○	○	○	○	○
Dónde trazo la línea	○	○	○	○	○	○
Qué creo	○	○	○	○	○	○
Qué quiero en la vida	○	○	○	○	○	○
Cómo me veo a mí mismo	○	○	○	○	○	○
Cómo manejo el temor, el fracaso y la culpa	○	○	○	○	○	○

SIMILITUDES

Completa las siguientes frases, pero no dejes que nadie vea tus respuestas. Luego, lee cada frase completa en voz alta. Anota a los miembros del grupo que tengan cosas en común.

La comida más importante del día es _____

La mejor mascota que tuve fue _____

Estudio mejor cuando _____

Si solo pudiera jugar a un deporte, sería a _____

Mi tipo de música favorita es _____

La mejor manera de relajarme es _____

PRECALENTAMIENTOS

PARA TI

Formen grupos de unas ocho personas. Piensa en los valores que aprecias en cada uno de los integrantes del grupo. Quizás no los conozcas a todos por igual, pero siempre es posible decir una palabra de aprecio o expresar un elogio. Mientras piensas en lo que cada uno aporta al grupo o a ti personalmente, imagina algo que simbolice lo que más valoras de cada uno de tus compañeros.

Por ejemplo, podrías simbólicamente entregarles tu licencia para conducir, para representar que confías en su liderazgo y te sientes seguro cuando estás con ellos. O podrías simbólicamente darles una venda para representar cómo te ayudaron cuando necesitabas ayuda o estabas triste. La foto de una ocasión divertida que pasaron juntos también podría servir como representación simbólica de los gratos tiempos compartidos.

Comienza por preguntarte: «Si pudiera darle algo a cada persona de este grupo como forma de expresar lo que siento por ellos, ¿qué les daría?».

Presta atención a los regalos simbólicos que los miembros del grupo se hacen entre sí. Disfruta también de compartir tus regalos. Aunque no son regalos costosos, tienen seguramente un valor perdurable. Después de «recibir» los regalos, la persona dice simplemente: «Gracias».

PARA PONER EN PRÁCTICA

Aunque, a veces, la vida puede ser difícil, es un regalo de Dios. Cada día, proporciona desafíos y oportunidades para aprovechar al máximo.
¿Cómo completarías las siguientes afirmaciones?
Comparte tus respuestas en tu grupo de cuatro personas.

Para mí, un día excelente incluye:

- acurrucarse con un buen libro
- ir a una fiesta
- asistir a un concierto
- acomodarse y usar tecnología
- mirar una película
- comer mi comida favorita
- competir en mi deporte preferido
- pasar tiempo en el centro comercial
- alentar a mi equipo favorito
- salir en una cita con alguien

Tengo un pésimo día cuando:

- es lunes
- hay mal clima
- pierde mi equipo
- no tengo dinero
- tengo que trabajar
- tengo problemas amorosos
- peleo con mis padres
- algo anda mal con un amigo
- me levanto con el cabello indomable
- la escuela me agota

PRECALENTAMIENTOS

Si solo me quedaran tres meses en esta Tierra...

- daría todo lo que tengo
- haría todo lo posible para Dios
- andaría de fiesta en fiesta
- pasaría más tiempo con mi familia
- pasaría más tiempo con mis amigos
- vaciaría mi cuenta bancaria
- me enojaría
- desaparecería
- viajaría por el mundo
- haría exactamente lo que estoy haciendo ahora

CONTACTOS DE EMERGENCIA

Hablen sobre crisis recientes del paíso la comunidad que los alumnos tengan presentes. Reconozcan el dolor y el sufrimiento, pero intenten concentrarse en la esperanza y en la manera en que la nación o la comunidad pueden hacer o han hecho algo para mejorar la situación. Recuerden que Dios está presente en las peores circunstancias y puede sacar algo bueno aun de las tragedias. Lee las siguientes cinco situaciones en voz alta. Hablen sobre cómo una crisis personal puede adquirir las proporciones de un desastre nacional, cuando te sucede a ti. Debatan y decidan a cuál persona o grupo sería mejor acudir en busca de ayuda para cada circunstancia. ¿Por qué sería necesaria esa ayuda? ¿Por qué buscamos a estos contactos de emergencia en situaciones de crisis? Anoten nombres útiles e información de contacto en los espacios proporcionados.

Emergencia: Tienes que tomar una decisión que te cambiará la vida. Necesitas un buen consejo.
Nombre/Contacto:

Emergencia: Tuviste una pelea importante con tus padres. Necesitas hablar con alguien que entienda.
Nombre/Contacto:

Emergencia: Acaban de romper contigo por mensaje de texto. Necesitas alguien con quien hablar.
Nombre/Contacto:

Emergencia: Acabas de descubrir que tienes una enfermedad grave. Necesitas que alguien ore por ti.
Nombre/Contacto:

Emergencia: Alguien que pensabas que era tu amigo ha estado esparciendo rumores sobre ti. Necesitas consejo.
Nombre/Contacto:

PRECALENTAMIENTOS

NIVEL AVANZADO

Tienes la oportunidad de experimentar algunas clases universitarias sin costo. Tienes que cursar todas las ocho clases, y te darán todo el crédito por cada curso, sin importar cuál sea tu calificación final. Sin embargo, debes inscribirte enumerando tu preferencia de clases, desde tu primera elección hasta la última. Divídanse en grupos de cuatro y, por turnos, vayan leyendo cada curso.

Clasifiquen las clases colocando un número en la casilla a la izquierda de cada título.

◯ **Sociología 101: LA TELEVISIÓN Y EL NORTEAMERICANO.** Un estudio fascinante sobre los hábitos de visualización, que se concentra en transformarse en un sedentario teleadicto, en los bocadillos adecuados y en el zapping.

◯ **Cálculo 401: LA MATEMÁTICA DEL CAOS.** Las clases se realizan en distintos lugares, diferentes horarios, y las dictan varios profesores.

◯ **Arqueología 200: LOS HUESOS ENTERRADOS.** El estudio de los fósiles aborígenes. La clase pasa el verano en el desierto interior de Australia.

◯ **Ornitología 100: NUESTROS AMIGOS ALADOS.** En esta clase introductoria, aprenderás cómo detectar un ave, cuántas alas tiene, y cómo identificar una pluma.

◯ **Ciencias políticas 300: EL MANEJO DE LA BUROCRACIA.** Una introducción al lenguaje burocrático, la confección de formularios y el arte de esperar en hilera. Segmento especial sobre cómo obtener una licencia de conducir.

◯ **Escritura creativa 222: EL POEMA JOCOSO.** Aprende a rimar con la tradición irlandesa. A falta de un viaje a la isla Esmeralda, el estudio se concentrará en la lectura de poemas jocosos y en la composición de rimas originales.

◯ **Reparación automotriz 420: ELECTRÓNICOS AUTOMOVILÍSTICOS AVANZADOS.** La primera parte del semestre se dedicará a configurar los botones del sistema de sonido. El segundo semestre tratará sobre el uso adecuado del limpiaparabrisas.

◯ **Estudios culturales 301: ESTUDIAR EN EL EXTRANJERO.** Un estudio de la música y la cultura de Gran Bretaña. Incluye conciertos y audiencias personales con la realeza de la música británica.

PRECALENTAMIENTOS

PERSECUCIÓN AUTOMOVILÍSTICA

Lo mejor después de obtener tu licencia de conducir es tener un automóvil para manejar. Quizás compartes un vehículo con tus padres o con un hermano, disfrutas de un auto nuevo, estás usando un automóvil no tan nuevo pero que pagaste tú solo, o estás mirando cómo se destiñe tu licencia mientras esperas para probarla.

¿Qué vehículo conducirías si fueras:

___ a conducir por la autopista interestatal?
___ a una cita?
___ a la escuela?
___ a unas vacaciones familiares obligatorias?
___ a la playa?
___ a campo traviesa?
___ al partido del campeonato?
___ a acampar?

MÁXIMO IMPACTO

Toda persona produce un impacto. Influyes sobre las personas y ellas influyen sobre ti. Aunque no te des cuenta, lo que haces y dices produce un impacto. Lee la siguiente «lista de impacto». Junto a cada descripción, escribe los nombres o las iniciales de por lo menos cinco personas conocidas que han producido un impacto en tu vida y sido determinantes. En grupos de cuatro, hablen sobre sus respuestas.

- **Cree en mí:** me escucha y valora mis sueños.
- **Me confronta:** me ama lo suficiente como para decirme aun las cosas que no desearía escuchar.
- **Me consuela:** me calma cuando pierdo el control de la vida.
- **Me hace reír:** hace algo gracioso para sacar a relucir mi lado más animado.
- **Me anima:** me ayuda a ver el lado bueno de las cosas.
- **Me inspira:** me recuerda que Dios tiene todo bajo control.
- **Me escucha:** escucha lo que tengo para decir, sin intentar cambiarme.
- **Me enseña:** me acompaña y me guía en el camino de la vida.
- **Ora conmigo:** me acompaña cuando busco a Dios en oración.
- **Es modelo de conducta:** es un buen ejemplo de conducta, carácter y reputación.

PRECALENTAMIENTOS

CASO CERRADO

Divídanse en grupos de hasta ocho personas. Hablen sobre los casos, los problemas y los participantes que se encuentran en un juicio en los tribunales. Compartan ejemplos de la historia y de sucesos actuales. ¿Cuáles fueron los veredictos y las sentencias?

1. Si tuvieras un abogado para representarte y litigar ante Dios tu derecho de entrar al cielo, ¿qué quisieras que diga a tu favor?

2. ¿Te cuesta creer que Jesús pueda entender o identificarse con alguna de tus debilidades?

3. Si comprendieras plenamente la disposición y la capacidad del Señor de identificarse contigo, ¿qué impacto tendría esto en tu manera de prejuzgarte?

4. ¿Cuán seguro te sientes de aceptar el regalo del perdón de Dios?

¿AMIGO O ENEMIGO DE LA SALUD?

Divídanse en grupos de cuatro o más. Considera un área a la vez, y marca una «X» dónde te calificarías en cada área. Comparte los resultados con los miembros de tu equipo.

JOSUÉ 1:9

COMIDA SALUDABLE	NUTRICIÓN	COMIDA CHATARRA
CORREDOR DE MARATÓN	ENTRENAMIENTO	SEDENTARIO TELEADICTO
«¡BUENOS DÍAS, SEÑOR!»	SUEÑO	«¡AY SEÑOR, YA ES DE MAÑANA!»
POR ENCIMA DE LA INFLUENCIA	USO DE DROGAS	BAJO LA INFLUENCIA
ENLOQUECIDO	RELAJADO	ESTRÉS
BRILLANTE	ALERTA MENTAL	TOTALMENTE PERDIDO
SÚPER CARGADO	ESTADO FÍSICO GENERAL	BATERÍA MUERTA

PRECALENTAMIENTOS

TRATAMIENTO DE EMERGENCIA

Una unidad de triaje de emergencias en un centro médico prioriza a los heridos para asignar tratamiento según la gravedad de su situación. Ninguno de los siguientes estados son de vida o muerte, pero pueden tener algunos efectos que duran toda la vida. A medida que cada persona lea cada «enfermedad», compartan con el grupo si la «padecen».

Compritis:
Una fuerte compulsión a pasar horas y gastar mucho dinero en una tienda.

Chocolismo:
Fulminar con la mirada cuando alguien te pide un pedazo de tu chocolate o golosina.

Mediosocialitis:
Mirar fijo a una pantalla durante horas todos los días, escribiendo mensajes a personas que conoces y a gente que jamás viste.

Zappinguitis:
Sensación de calambre en el dedo pulgar por tener que apretar tanto los botones del control remoto.

Reflejo involuntario de pata de plomo:
Encontrarse siempre apurado en un vehículo y, en general, conduciendo a una velocidad mayor a la de los demás.

¿Cuál de estas «afecciones» crees que estás padeciendo en este momento de tu vida? ¿Puedes hacer algo para aliviar la situación?

PRECALENTAMIENTOS

LO MEJOR

Divídanse en grupos de unas ocho personas. Reflexionen sobre las mejores experiencias que hayan tenido. Piensen en lo «mejor» de su vida, utilizando la siguiente lista.

1. **La mejor película que vi en mi vida fue**

2. **El mejor profesor que tuve fue**

3. **El mejor concierto al que asistí fue**

4. **El mejor partido que jugué fue**

5. **La mejor niñera que tuve fue**

6. **La mejor clase de la escuela que tuve fue**

7. **La mejor mascota que tuve fue**

8. **El mejor cumpleaños que tuve fue**

9. **Mi mejor vacación fue**

10. **El mejor libro que leí fue**

11. **El mejor verano de mi vida fue**

12. **El mejor amigo que tuve fue**

Elige dos o tres elementos de la lista y habla sobre las cuestiones más destacadas con los miembros de tu grupo. Charlen sobre por qué algunas experiencias fueron mejores que otras. *¿Qué función tuvieron las relaciones interpersonales en hacer de estas las mejores experiencias de tu vida?*

PRECALENTAMIENTOS

CALCULAR EL TOTAL

Encuentra un compañero. Llena cada casilla con el número correcto y luego calcula el total. Cuando tu compañero haya terminado, explíquense cómo llegaron a sus totales. Comparen sus cifras más altas y más bajas.

| Cantidad de horas de sueño la última semana | − | Cantidad de flexiones que puedes hacer | = | Total |

| Cantidad de veces que estudiaste la Biblia este mes | × | Cantidad de fines de semana en los que saliste con tus amigos el mes pasado | = | Total |

| Cantidad de horas mirando TV | ÷ | Cantidad de libros que leíste este año por diversión | = | Total |

| Cantidad de estados en donde has vivido | + | Cantidad de veces que oraste con un grupo de amigos cristianos este mes | = | Total |

NO METERSE EN PROBLEMAS

Divídanse en grupos de unas cuatro personas y hablen sobre las respuestas a las siguientes preguntas:

1. *¿Qué fue lo más gracioso que hiciste que te metió en problemas con tus padres?*

2. *¿Qué aprendiste de las figuras de autoridad en tu vida?*
___ Siempre pide perdón (incluso si tienes razón).
___ Lo mejor es hablar las cosas.
___ A veces, incluso las personas en posición de autoridad pueden equivocarse.
___ Lo que no saben no puede lastimarlos.
___ Escuchar las dos campanas aclara muchos conflictos.
___ Es mejor enfrentar una situación y resolverla que intentar esconderla o ignorarla.

3. *¿Qué suele motivarte a decidir obedecer en lugar de desobedecer?*
___ Mi relación con Cristo   ___ Saber la diferencia entre el bien y el mal
___ Mi reputación   ___ Sentir que estoy decepcionando a alguien
___ La culpa   ___ El temor a que me descubran

PRECALENTAMIENTOS

ME GUSTA O ME ENCANTA

Realiza un cartel que diga «**ME GUSTA**» y otro que diga «**ME ENCANTA**». Cuélgalos en lados opuestos de tu lugar de reunión, o que dos alumnos los sostengan en distintas áreas. Lee las siguientes frases y pídeles a los estudiantes que se coloquen cerca del cartel que mejor represente sus sentimientos.

*Comer   Dormir   Permanecer activo   Los fines de semana
Los deportes   Los medios sociales   La música*

Ahora, diles que van a hablar sobre las relaciones de cariño y amor.
Pide a los voluntarios dispuestos a responder algunas preguntas personales frente al grupo que se adelanten. Haz las siguientes preguntas:

1. ¿Quién fue tu primer amor?

2. ¿Qué programa de televisión, película o libro te gusta porque muestra una relación que admiras?

3. ¿Qué programa de televisión, película o libro no te gusta porque celebra una relación negativa?

4. ¿Cuáles tres palabras describen tu relación con Dios?

5. ¿Qué significa para ti «seguir a Jesús»?

EL SR. CARA DE PAPA SE VOLVIÓ LOCO

Divídanse en grupos de hasta cuatro personas. Si es posible, usen un Sr. Cara de Papa® de Hasbro para ilustrar el siguiente debate. Pasen al Sr. Cara de Papa® por el grupo y dejen que cada miembro diseñe un cuerpo mejor.

1. Si pudieras cambiar cualquier cosa de tu apariencia, ¿cuál sería?

2. ¿El cuerpo humano es una creación imperfecta? ¿Por qué?

*3. ¿Qué tiene sentido en la forma en que Dios te diseñó?
¿Qué no tiene sentido?*

4. ¿No sería mejor tener ojos detrás de la cabeza o una mano extra de vez en cuando?

PRECALENTAMIENTOS

ESCUCHAR VOCES

Llama de tres a cinco voluntarios y véndales los ojos. Explícales que tendrán la oportunidad de identificar hasta cinco sonidos. Si identifican el primer sonido correctamente, intentarán identificar un segundo sonido, y así, hasta que hayan identificado cinco.

Sin embargo, si no pueden distinguir uno, quedan fuera. Detengan la ronda cuando un voluntario haya identificado correctamente cinco sonidos no verbales *(golpecitos con un lápiz, tintineo de monedas, pasos, abrir y cerrar una Biblia, etc.)*.

Pregúntales a los voluntarios si fue fácil o difícil identificar los sonidos. Reconoce a los alumnos con las mejores calificaciones y pídeles que compartan sus estrategias. Invita a los que no les fue bien a comunicar por qué les resultó difícil la actividad.

A continuación, llama a otro grupo de tres a cinco voluntarios y véndales los ojos. Explica que tendrán la oportunidad de identificar hasta cinco sonidos, pero esta vez, tienen que ser verbales. Una vez más, cinco es la calificación máxima.

Señala a un alumno entre los que no se ofrecieron como voluntarios, y pídele que diga una frase como «Dios es bueno». Deberán decirlo con su voz normal, en un susurro o gritando. Desafía al que tiene los ojos vendados a identificar a la persona que habla. Si no logra adivinar, queda fuera. Detén la ronda cuando uno de los voluntarios identifique correctamente a cinco personas.

Después de la actividad, hablen de lo siguiente:

¿Cuál fue la clave para identificar quién estaba hablando? ¿De qué otros sonidos estabas pendiente mientras intentabas concentrarte en la persona que hablaba?

¿Cuánto te costó identificar a los que hablaban, ya que usaban tres tipos de voces (normal, susurro y grito)? ¿Cuál fue la más difícil de identificar?

¿Podrías haber identificado al que hacía cada ruido no verbal? ¿Identificaste las voces de las personas que conoces mejor o las voces de las que no conoces tan bien?

¿Cuándo te ha costado identificar las voces? ¿Alguna vez te ha afectado no poder distinguir entre la voz de Dios y las voces que batallan contra tu relación con Cristo?

PRECALENTAMIENTOS

CASI ABRUMADO

Si alguna vez quisiste sacarte la nota más baja en un examen, esta sería esa vez. Divídanse en grupos de unas ocho personas. Lean cada factor de estrés que se enumera. Si, en el último año, experimentaste cualquiera de las cosas enumeradas, encierra con un círculo el número correspondiente a la derecha. Después de que cada uno en tu grupo haya leído la lista y encerrado sus respuestas, hablen de sus calificaciones y comparen respuestas. Si tu calificación es mayor a 150, probablemente hayas estado bajo mucho estrés. Quizás tengas que hablar con alguien que pueda ayudarte. Esta prueba no es profesional ni exhaustiva. No obstante, puede ayudarte a reconocer que no puedes manejar todo solo en la vida.

Factor de Estrés	Puntos de Estrés
Muerte de un padre	100
Muerte de un miembro de la familia	75
Muerte de un amigo	65
Divorcio de los padres	60
Ruptura con un novio/novia	55
Herida o enfermedad personal grave	53
Quedaste aplazado en una clase	50
Te metiste en problemas en la escuela	45
Perdiste tu licencia de conducir	40
Te mudaste a una nueva comunidad	37
Rendiste mal un examen importante	35
Conflicto con los padres	33
Cambiaste de escuela	30
Discutiste con un amigo	27
Experimentaste un problema financiero o de salud en tu familia	23
Te despertaste despeinado	10
Descubriste una imperfección en tu rostro	5

TOTAL _____

PRECALENTAMIENTOS

BAJO LA INFLUENCIA

Júntense en grupos de unas cuatro personas y hablen sobre cómo calificarían las siguientes influencias y problemas. Clasifica estas cuestiones desde el 1 (más grave) al 18 (menos grave).

Hablen sobre las clasificaciones y sobre por qué algunos miembros del grupo le asignaron un número más alto o más bajo que los demás.

___ Relaciones abusivas

___ Rabia incontrolable

___ Problemas familiares

___ Divorcio

___ Impiedad

___ Presión de los pares

___ Futuro incierto

___ Alcohol

___ Drogas

___ Desilusión con la iglesia

___ Grupos muy cerrados

___ Soledad y aislamiento

___ Conflicto con la autoridad

___ Calificaciones

___ Embarazo adolescente y riesgo de ETS

___ Pornografía

___ Violencia

___ Pandillas

AVENTURA SALVAJE

Jueguen a una versión divertida del «Dígalo con mímica». En lugar de permitir que los alumnos digan en voz alta las respuestas, invita a los que creen saber cuáles son a unirse a la mímica. Incluso si están equivocados, permíteles que sigan actuando junto a ti. Después de que varios alumnos se hayan unido a la mímica, revela la respuesta. Permite que varios alumnos hagan mímicas representando a un oso, un venado, un búho, un halcón, aguas rápidas, una fogata, un mochilero, el atardecer, una tienda, una montaña, una ventisca, una bolsa de dormir, un incendio forestal, etc. Algunas mímicas pueden requerir más de una persona.

Señala que los paisajes exteriores pueden ser maravillosos, pero también impredecibles y arriesgados... como hablar de Cristo. Pídeles a los alumnos que expresen cómo compartirían el evangelio con las siguientes personas: amigos cercanos, personas en crisis, compañeros de equipo, personas que parecen no tener ningún problema, extraños que pregunten, familiares, gente que intenta evitar.

PRECALENTAMIENTOS

EL TRABAJO DE TU VIDA

Qué crees que harás durante el resto de tu vida? No es demasiado temprano para prepararte para el trabajo de toda una vida. De la lista a continuación, escoge tu primera y segunda preferencia de carrera. Si la pasión de tu vida no está enumerada, añádela. Júntense en grupos de unas cuatro personas y hablen de sus decisiones.

___ Trabajador social
___ Atleta profesional
___ Especialista en informática
___ Médico
___ Político
___ Psicólogo
___ Pastor

___ Novelista
___ Actor
___ Ingeniero
___ Misionero
___ Astronauta
___ Banquero
___ Abogado

___ Veterinario
___ Piloto
___ Oficial de policía
___ Diseñador de moda
___ Maestro

PERFIL PERSONAL

Encuentra un compañero. Utiliza las siguientes preguntas para entrevistar a otra persona. Hablen de las similitudes y diferencias en sus familias.

Comparen sus puntos de vista sobre la amistad y el noviazgo.

1. ¿Cuál es tu sobrenombre?

2. ¿Quién era tu héroe de la infancia?

3. ¿Qué estación (invierno, primavera, verano u otoño) describe a tu familia? ¿Por qué?

4. Cuando tienes tiempo libre, ¿prefieres pasarlo con otros o solo?

5. ¿Cuán importante es para ti el noviazgo en este momento de la vida?

6. ¿Qué relaciones ocupan la mayor parte de tu tiempo?

7. ¿A qué relación(es) te gustaría dedicar más tiempo?

8. ¿De qué relación(es) necesitas alejarte?

PRECALENTAMIENTOS

COMO CRISTO

Todo cristiano refleja el carácter de Cristo de alguna manera. A medida que se conocen más en tu grupo, empiezan a ver cómo los demás muestran a Cristo con su personalidad y sus acciones. Dediquen tiempo a afirmarse unos a otros sobre la manera en que están permitiendo que Jesús viva a través de ustedes. Esto puede parecer extraño al principio, pero Dios honrará el tiempo en que afirmen a los demás con sinceridad.

Si tu grupo es demasiado grande para dedicar tiempo a la afirmación personal, divídanse en grupos más pequeños. Luego, usen las descripciones de Jesús enumeradas más abajo para hablar de cómo ven a Cristo obrando en la vida de los demás.

Siervo:
Harías lo que sea por los demás.

Sanador:
Puedes tocar vidas con tu compasión y traer sanidad.

Predicador:
Compartes tu fe de manera que desafía e inspira a otras personas.

Líder:
Así como Jesús tenía un plan para Sus discípulos, puedes guiar bien a los demás.

Reconciliador:
Al igual que el Señor, eres un pacificador.

Maestro:
Tienes el don de ayudar a que los demás comprendan la Palabra de Dios.

PRECALENTAMIENTOS

HORA DE DECIDIRSE

Tomas decisiones todos los días. Muchas las tomas a conciencia, pero algunas están tan integradas a tu rutina diaria que las tomas sin pensar. Júntense en grupos de unas ocho personas. Lee las siguientes preguntas, una a una, y comparte tus respuestas con el resto del grupo.

CUANDO TENGO QUE TOMAR DECISIONES DIFÍCILES, LO QUE HAGO ES:
- pedir consejo
- decidirme rápido
- salir a caminar
- pensar y pensar durante varios días
- esperar y ver qué harán otros
- nunca pedir consejo
- esperar que no tenga que tomarla

LAS DECISIONES MÁS DIFÍCILES PARA MÍ SUELEN SER AQUELLAS RELACIONADAS CON:
- mi reputación
- mi popularidad
- el dinero
- mis amistades
- los principios morales

LO QUE MÁS TEMO CUANDO TENGO QUE DEFENDER MIS VALORES ES:
- estar equivocado
- perder mis amistades
- que alguien se meta en problemas
- por mi causa
- que se rían de mí
- ser el único que piensa así

EN MI FAMILIA, ENTENDEMOS QUE LOS VALORES MORALES:
- son una cuestión de blanco o negro
- son el sello de un caballero o de una dama
- dependen de las circunstancias
- son resultado de ser cristiano
- son una cuestión personal e individual

TU AMIGO NO ESTUDIA. NUNCA. PREFIERE COPIAR TUS RESPUESTAS. ¿QUÉ PIENSAS HACER?
- dejarlo copiar
- decirle al profesor
- decirle a tu amigo que no te gusta lo que hace
- cubrir tu respuesta

CUANDO NO ESTOY DE ACUERDO CON LO QUE UNO DE MIS AMIGOS HACE:
- no le presto atención
- lo enfrento y le digo que está obrando mal
- dejo de verlo por un tiempo
- se lo cuento a otra persona
- termino la amistad

TE INVITAN A UNA FIESTA, PERO NO INVITAN A TU AMIGO. ¿QUÉ PIENSAS HACER?
- ir a la fiesta
- hacer algo con tu amigo
- preguntar por qué no invitaron a tu amigo

SE ORGANIZÓ UNA FIESTA CON BEBIDAS ALCOHÓLICAS Y DROGAS. CON TODA SINCERIDAD, PROBABLEMENTE:
- disfrutarás la fiesta, pero sin consumir alcohol ni drogas
- se lo dirás a los padres del que organiza la fiesta
- pondrás una excusa para no ir
- disfrutarás la fiesta, el alcohol y las drogas
- se lo contarás a tus padres

PRECALENTAMIENTOS

QUIZÁS. QUIZÁS NO.

Júntense con otra persona. Túrnense para compartir sus respuestas a las siguientes afirmaciones. Hablen sobre sus respuestas a cada afirmación antes de pasar a la siguiente. (O, si creen conocerse bien, respondan en forma privada e intenten adivinar lo que el otro respondió.)

Probablemente

	Sí	No	Quizás
Me escabulliría a ver una película o un concierto sin pagar	○	○	○
Iría en una cita a ciegas	○	○	○
Me olvidaría mi ropa de gimnasia a propósito	○	○	○
Me daría un atracón de chocolate	○	○	○
Ahorraría dinero para más adelante	○	○	○
Volvería a casa después de mi horario permitido	○	○	○
Me sentiría avergonzado al ver una imagen inapropiada	○	○	○
Lloraría al ver una película triste	○	○	○
Acosaría a alguien en los medios sociales	○	○	○
Saltaría de un avión con paracaídas	○	○	○
Arrojaría papel higiénico a la casa de un amigo	○	○	○
Falsificaría la firma de mis padres	○	○	○
Asistiría al ballet o a la ópera	○	○	○
Publicaría varias «selfis» todos los días	○	○	○

CAMINATA

¿Te gusta caminar? Si así es, ¿qué clase de caminata prefieres? En los pares de más abajo, elige la clase de caminata que te gusta más. Piensa en lo que tus decisiones revelan sobre ti.

- Caminar en la nieve fresca / Caminar en la playa
- Caminar por un sendero montañoso / Caminar en un centro comercial
- Caminar en una manifestación política / Caminar en una maratón para la caridad
- Recorrer el Instituto Smithsoniano / Pasear por Disney World
- Recorrer una planta de BMW / Recorrer la fábrica de chocolate de Hershey
- Caminar hasta una heladería / Caminar hasta Starbucks®
- Caminar por el puente Golden Gate / Subir hasta la cima de la Estatua de la Libertad
- Caminar hasta la base del Gran Cañón / Cruzar por una cuerda el río Colorado

Tu manera de vivir puede llamarse tu «caminar».
¿Cuál de las siguientes frases te define mejor?

○ Camino al frente. ○ Camino en grupo.
○ Sigo a la persona correcta. ○ Camino solo.
○ Soy sumamente exigente respecto a quién camina conmigo.

PRECALENTAMIENTOS

EN UN DILEMA

Imagina que te encuentras frente a una de las siguientes decisiones. Que un miembro del grupo tome la primera situación y explique lo que haría y por qué. Luego, que la próxima persona tome la segunda situación, y así, hasta que cada uno haya compartido algo.

¿Qué harías si...

___ leyeras una carta o un correo electrónico incriminador?
___ vieras una casa que se incendia?
___ atropellaras a un perro mientras conduces por una calle oscura y desierta?
___ el cajero te diera dinero de más?
___ encontraras la billetera o la cartera de alguien?
___ escucharas que alguien pide ayuda en una zona peligrosa de la ciudad?
___ perdieras tu cartera o tu billetera?

¡GRACIAS!

Dar gracias es bueno, aunque no estemos sentados a la mesa frente a un enorme pavo al horno. Dedica unos minutos para agradecer a Dios. Lee la siguiente lista y marca aquellas cosas por las que estás agradecido. Puedes elegir todas las que quieras; no hay límite a tu gratitud.

Comenta en el grupo algunas cosas por las que estás agradecido.

- logros
- apariencia
- vocación
- auto
- carácter
- iglesia
- valor
- creatividad
- educación
- emociones
- fe
- familia
- amistades
- futuro
- salud
- legado
- pasatiempo
- hogar
- trabajo
- recuerdos
- mente
- nacionalidad
- vecindario
- mascotas
- reputación
- escuela
- sentido de propósito
- dones espirituales
- talentos
- sabiduría

PRECALENTAMIENTOS

Ahora que has expresado tu gratitud, selecciona de los versículos a continuación el que mejor expresa lo agradecido que estás a Dios. Léelo en voz alta y luego explica por qué lo elegiste. Escucha mientras tus compañeros leen su versículo y lo comentan.

¡Alaben al SEÑOR porque él es bueno, y su gran amor perdura para siempre! —1 Crónicas 16:34

¡Alabaré al SEÑOR por su justicia! ¡Al nombre del SEÑOR altísimo cantaré salmos! —Salmos 7:17

Entren por sus puertas con acción de gracias; vengan a sus atrios con himnos de alabanza; denle gracias, alaben su nombre. —Salmos 100:4

¡Que den gracias al SEÑOR por su gran amor, por sus maravillas en favor de los hombres! ¡Que ofrezcan sacrificios de gratitud, y jubilosos proclamen sus obras! —Salmos 107:21-22

No se inquieten por nada; más bien, en toda ocasión, con oración y ruego, presenten sus peticiones a Dios y denle gracias. —Filipenses 4:6

Después de compartir los versículos, concluyan con una oración de agradecimiento a Dios.

¿QUIÉN ES TU COMPAÑERO?

Adopta una de las siguientes identidades. No necesita ser secreta, y es probable que otros en el grupo elijan la misma identidad que tú.

Después de elegir quién serás en esta actividad, proponte conocer tantas personas como puedas. Haz de cuenta que te la presentan por primera vez, como la persona que ha escogido ser y preséntate, a la vez, conforme a la identidad que tú adoptaste.

- científico
- modisto
- cuadripléjico
- pastor, ministro, sacerdote
- doctor o enfermero
- soldado
- músico
- estudiante de intercambio
- profesor de historia
- millonario
- niño explorador
- chef
- modelo
- sordo
- ingeniero de medio ambiente
- policía
- mecánico
- deportista profesional
- marino

Ahora es cuando todas estas nuevas identidades se ponen en juego. Has sido seleccionado para participar en un experimento social en el que tú y otras tres personas vivirán en carpas durante tres meses, en un área remota y desconocida. Además de tu carpa, se te proporcionará una cama y suficiente ropa para toda la aventura. El alimento, el agua y los medios para la higiene personal estarán disponibles en la naturaleza, pero tendrás que procurártelos tú mismo.

¿A quiénes escogerás para acampar juntos?

Cuando hayan formado el grupo, hablen sobre cuál es el aporte de cada uno.

PRECALENTAMIENTOS

SIN BAJAR LOS BRAZOS

Formen grupos de unas ocho personas para completar este cuestionario sencillo de diez preguntas. Lo único que tendrán que hacer es encerrar en un círculo los números. Pero antes de empezar, que alguien del grupo lea Romanos 12:9-21 en voz alta. Luego túrnense para leer cada afirmación y descripción. Después de leer cada una, encierra en un círculo el número que te define mejor: 1 si prácticamente no te define y 10 si te define bien.

El amor debe ser sin hipocresía. Estoy aprendiendo a interesarme de verdad por los demás, de forma significativa, sin prejuicios y sin anteponer mis necesidades.
1 2 3 4 5 6 7 8 9 10

Debemos odiar el mal; aferrarnos a lo que es bueno. Estoy aprendiendo a defender mis convicciones, rechazar aquello que sé que es malo y honrar a Dios.
1 2 3 4 5 6 7 8 9 10

Debemos mostrarnos afecto fraternal y amor unos a otros. Estoy aprendiendo a tratar con cariño y a abrazar a mis hermanas y hermanos cristianos, como a Dios le agrada. 1 2 3 4 5 6 7 8 9 10

Debemos ser fervientes en espíritu y servir al Señor. Quiero hacer todo lo posible por Cristo en gratitud por lo que Él hizo por mí. 1 2 3 4 5 6 7 8 9 10

Debemos alegrarnos en la esperanza. Vivo una nueva libertad, desbordo de alabanza porque Dios tiene el control. 1 2 3 4 5 6 7 8 9 10

Debemos mostrar paciencia en el sufrimiento. Los problemas no me deprimen. Cuando estoy bajo presión, soy capaz de mantener la calma.
1 2 3 4 5 6 7 8 9 10

Debemos perseverar en la oración. Estoy aprendiendo a entregar mis necesidades a Cristo y a pedir Su consejo siempre que tengo que tomar una decisión. Estoy aprendiendo a esperar en Dios y dejar que Él obre todo a Su tiempo.
1 2 3 4 5 6 7 8 9 10

Debemos ser solidarios con los santos (nuestros hermanos cristianos), y practicar la hospitalidad. Estoy aprendiendo que mis posesiones, mi tiempo y mis capacidades pertenecen a Dios, y que son para compartir con quienes pasan necesidad. 1 2 3 4 5 6 7 8 9 10

Debemos bendecir a quienes nos persiguen. Estoy aprendiendo a responder con afabilidad a quienes me humillan y a orar por ellos. Estoy menos a la defensiva.
1 2 3 4 5 6 7 8 9 10

Debemos alegrarnos con los que están alegres y llorar con los que lloran.
Celebro cuando otros celebran, y me entristezco cuando otros sufren. No temo mostrar mis sentimientos. 1 2 3 4 5 6 7 8 9 10

Estoy aprendiendo a responder con afabilidad a quienes me humillan y a orar por ellos. Estoy menos a la defensiva. 1 2 3 4 5 6 7 8 9 10

PRECALENTAMIENTOS

PIÉNSALO

Tus pensamientos son importantes porque influyen en los que dices y lo que haces. Las palabras y las acciones tienen un impacto en los demás. Túrnense para leer los versículos de Proverbios 15 y luego clasifíquense en cada categoría. Comenten las respuestas con los miembros del grupo.

	MUY BAJO				MUY ALTO
	1	2	3	4	5

Intento ser amable cuando me tratan mal. (v. 1)

Hablo de cuestiones que ayuden a los demás a conocer mejor a Dios. (v. 2)

Intento traer sanidad en lugar de heridas. (v. 4)

Puedo enseñarles a los demás las verdades de la Escritura. (v. 7)

Siempre quiero saber más sobre la Palabra de Dios. (v. 14)

Controlo mi temperamento. (v. 18)

Intento alentar a los demás. (v. 23)

Trato de evadir los pensamientos impuros que entran en mi mente. (v .26)

Intento considerar cómo afectan mis palabras a los demás. (v. 28)

Trato de aprender de la crítica para mejorar mi carácter. (v. 31)

ALARMANTE

La seguridad es un gran negocio. Ya sea en la forma de sistemas electrónicos o guardias personales, todos duermen un poco mejor si saben que ellos y sus posesiones están a salvo... y pagan para tener paz mental. La cantidad de tiempo y atención que se le dedica a alguien o algo indica su valor.

Si pudieras invertir solo en un sistema de seguridad, ¿cuál elegirías?

◯ Sistema de alarma para el auto
◯ Alarma automática
◯ Guardaespaldas
◯ Cerco eléctrico

¿Cómo refleja tu sistema de alarma tus prioridades? ¿Qué te preocupa más? ¿Sientes que puedes hacerle frente a cualquier cosa que la vida te presente? En caso contrario, ¿a quién acudes en busca de ayuda?

PRECALENTAMIENTOS

BIEN O MAL

Formen grupos de ocho personas y párense en círculos. Luego da las siguientes consignas. Si alguien obedece una consigna «mala», pídele que se siente. (Es probable que los estudiantes obedezcan las consignas «malas» para hacer reír a los demás).

Feliciten a la persona a su derecha. (BIEN)

Feliciten a la persona a su izquierda. (BIEN)

Sonríanle a la persona que está justo en frente. (BIEN)

Saluden con la mano a alguien que no conozcan bien todavía. (BIEN)

Cúbranse la boca con la mano y luego tosan. (BIEN)

Díganle a la persona que tienen en frente que su verdadero nombre es «Apestoso». (MAL)

Tírenle del pelo a la persona a su derecha. (MAL)

Pestañeen tres veces rápidamente a cualquiera del grupo. (BIEN)

Cúbranse la boca y suelten un eructo ruidoso. (MAL)

Giren lentamente en el círculo mientras tararean el himno nacional. (BIEN)

Grítenle: «¡Eres un chancho!» a la persona a su izquierda. (MAL)

Después de la actividad, consideren las siguientes preguntas.

1. Por alguna razón, puede ser tentador obedecer las instrucciones «malas», porque es gracioso o para divertirse. En el mundo real, a menudo nos tentamos con hacer lo malo solo para encubrir un error o para quedar mejor. *¿Se les ocurren algunos ejemplos?*

2. Aun si conseguiste hacer todo lo que está «bien» y nada de lo que está «mal» en nuestro juego, en la vida a veces meterás la pata. Piensa cómo te sentiste cuando uno de tus compañeros tuvo que sentarse por haber hecho algo «malo». ¿Cómo te sentiste hacia esa persona? *¿Cómo te sientes cuando un amigo toma una decisión moral equivocada?*

3. *¿Cómo te parece que se siente Dios cuando cedemos a la tentación y nos rebelamos contra Él? ¿Por qué crees que nos dio libre albedrío y nos deja cometer errores y tomar malas decisiones?*

PRECALENTAMIENTOS

EL ÁRBOL DE MI VIDA

Algunos árboles llenan los bosques y producen oxígeno. Otros, se usan para producir leña. Y otros se cortan para decorar en Navidad, en el Día de los enamorados e incluso en Pascua.

¿Cómo decorarías un árbol de tu propia vida?
¿Qué adornos, decoraciones y colores usarías?
¿Qué le colocarías en la punta?

¿Qué diría el árbol de tu vida sobre tus intereses y tus relaciones interpersonales?

¿Qué representarían los colores? ¿Qué habría encima de tu árbol?

TESTAMENTO VITAL

Un testamento vital es un documento escrito que establece la clase de cuidado que deseas, en caso de que tu salud, en determinado momento, no te permita decidirlo.

Divídanse en grupos de cuatro y hablen sobre sus preferencias personales, y las razones detrás de ellas. Usen las siguientes preguntas para empezar el debate.

¿Quisieras estar cómodo, sin importar lo que costara?

¿Cómo quisieras manejar el dolor? ¿Preferirías estar sedado e inconsciente o alerta a tu ambiente y a los que te rodean?

¿Estarías dispuesto a probar un tratamiento experimental?

Al no estar bien de salud, ¿preferirías estar en un complejo médico o en casa, rodeado de familiares y amigos?

¿Cómo esperarías crecer en tu caminar cristiano durante esos momentos difíciles? ¿De qué manera esperarías seguir el ejemplo de Jesús?

PRECALENTAMIENTOS

EVALUACIÓN DE CAMARADERÍA

La camaradería es sinónimo de amistad. Divídanse en grupos de hasta cuatro personas. Hablen de las preferencias personales en lo que se refiere a la amistad. En las siguientes características, coloca una «X» sobre la línea, en alguna parte entre los dos extremos, y prepárate para explicar tus respuestas. Luego, permite que los miembros de tu grupo expliquen la importancia de cada una de estas diez características.

PERSONALIDAD
SIMILAR A LA MÍA — DIFERENTE DE LA MÍA

COMUNICACIÓN
CHARLATÁN — CASI MUDO

TEMPERAMENTO
RELAJADO — INTENSO

COMPATIBILIDAD
NOS GUSTA HACER LAS MISMAS COSAS — NO TENGO MIEDO DE DISENTIR Y SEGUIR POR MI CAMINO

LEALTAD
SIEMPRE ESTÁ DE ACUERDO CONMIGO — ME DESAFÍA CUANDO LO NECESITO

AUTOESTIMA
SE CRITICA CONSTANTEMENTE — ALARDEA CONSTANTEMENTE

RELACIONES FAMILIARES
HABLA DE SUS PADRES Y HERMANOS CON ALTA ESTIMA — SIEMPRE SE QUEJA DE LA FAMILIA

NORMAS MORALES
SALVAJE Y LIBRE — SE APEGA A LAS REGLAS

LA IGLESIA
NO LE IMPORTA EN ABSOLUTO — SUMAMENTE COMPROMETIDO

ACTITUD FRENTE A LA VIDA
OPTIMISTA — PESIMISTA

PRECALENTAMIENTOS

EL LUGAR ES LO MÁS IMPORTANTE

Divídanse en grupos de cuatro y hablen sobre el barrio/vecindario de su infancia. Aunque muchos quizás vivan en el mismo barrio, es probable que haya cambiado desde que eran chicos.

1. El barrio donde vivías en tu infancia era como:
◯ Las Grandes Llanuras: extendido pero con lazos estrechos
◯ Nueva Delhi: distintivamente étnico
◯ Manhattan: urbano y multicultural
◯ Roma: un excelente lugar para explorar

2. ¿En dónde se reunían los chicos en tu vecindario?
3. ¿Qué les gustaba más hacer juntos?
4. ¿Quién era único y se destacaba entre los demás?
5. ¿Quién era el niño que siempre se metía en problemas (o te metía en problemas)?
6. ¿Dónde estaban los lugares especiales: para trepar, andar en patineta o esconderse?
7. ¿Dónde estaban los lugares peligrosos: los perros malos, vecinos malhumorados y las «casas embrujadas»?

CHARLA DE AUTOS

Mientras una persona del grupo lee cada una de las siguientes partes o accesorios de automóviles, escuchen con cuidado cada descripción. Piensen en la persona (o personas) del grupo a la que mejor represente cada descripción. Mencionen los nombres de las personas que se ajustan a la descripción. Si el tiempo lo permite, afirmen a cada persona que se reconoce, pero asegúrense de tener tiempo para leer toda la lista. Tengan cuidado de que todas las personas del grupo reciban al menos una mención.

Parabrisas. Mantiene clara la visión.
Gasolina. Se consume para el beneficio de los demás y mantiene las cosas en movimiento.
Bolsa de aire. Protege a los demás de lastimarse más de lo que están.
Cinturón de seguridad. Ayuda a mantener a raya a los demás por su bien.
Portavasos. Un siervo que siempre está allí para satisfacer una necesidad.
Silenciador. Reduce el ruido innecesario.
Sistema de sonido. Hace que todo sea más agradable.
Amortiguador. Mitiga los choques y facilita las cosas.
Bujía. Proporciona la chispa inicial para arrancar.
Batería. Una fuente confiable de energía.

PRECALENTAMIENTOS

¿ESCUCHO CINCUENTA?

Llama a un alumno para que sea el martillero. Dile al resto del grupo que oferte por la lista de elementos enumerados abajo. Realiza la subasta de la siguiente manera: Todos tienen $1000 para gastar. Que cada elemento empiece a $50. Además de anunciar las ofertas, el martillero también puede ofertar. Anota las ofertas ganadoras en la columna izquierda y los nombres de los ganadores en la columna derecha. Recuérdales a todos que solo tienen $1000 para gastar en toda la subasta.

OFERTA GANADORA	ELEMENTOS	NOMBRE DEL GANADOR
	Dos entradas para ver el un partido importante de fútbol en asientos privilegiados	
	Una vacación con todo pago para cuatro en Disney World	
	Un televisor pantalla plana inmenso con sonido envolvente	
	Una cita con tu celebridad favorita	
	Libertad de no realizar ninguna tarea doméstica por un año	
	Guardarropas completo a la última moda	
	Título universitario garantizado	
	Pases detrás de escena para ver a tu banda preferida	
	Pase de temporada para el centro turístico de esquí que elijas	
	Papel principal en una película importante	
	Seis meses sin que tus padres te fastidien	
	Uso ilimitado del auto que escojas	
	Diez minutos de compras compulsivas en una tienda de electrónica	
	Un año para hacer cualquier cosa que quieras	

JOSUÉ 1:9

DECISIÓN AMIGABLE

Encuentra un compañero. Lean la lista de cualidades que buscan en un amigo. Observen las cualidades en las que coinciden.

Hablen sobre las descripciones que solo uno de los dos marcó.

- ⬡ divertido
- ⬡ leal
- ⬡ mismo gusto musical
- ⬡ abre su corazón y se muestra tal cual es
- ⬡ intelectual
- ⬡ relajado
- ⬡ viene de una familia bien establecida
- ⬡ tiene una linda sonrisa
- ⬡ con un trasfondo similar al mío
- ⬡ buena personalidad
- ⬡ atractivo
- ⬡ deportivo
- ⬡ con sentido del humor
- ⬡ mucho dinero
- ⬡ sincero
- ⬡ con valores sólidos
- ⬡ conduce un vehículo genial
- ⬡ intereses en común
- ⬡ popular
- ⬡ mucho tiempo para mí
- ⬡ generoso
- ⬡ buen sentido de la moda

PRECALENTAMIENTOS

CATEGORÍAS GANADORAS

Divídanse en grupos de hasta cuatro personas. Imagina que eres uno de los cuatro concursantes en un programa de televisión, y estás en la última ronda. Las siguientes categorías son los temas que puedes elegir. Para ganar, tienes que obtener más respuestas correctas que tus tres oponentes.

¿Qué categorías serían las «ganadoras» para ti?
¿En qué categorías sería más probable que perdieras?

En tu grupo, habla de tu mejor y tu peor categoría.

Vean quién puede responder más preguntas en cada categoría.

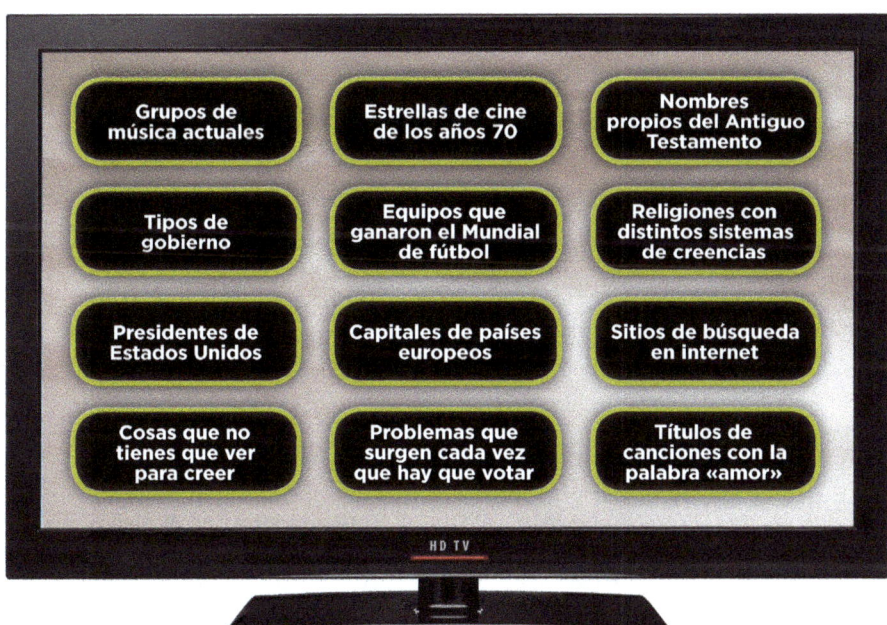

PRECALENTAMIENTOS

LA MEJOR OPCIÓN

Divídanse en grupos de hasta ocho personas. Que un miembro del grupo lea la primera situación y explique lo que haría y por qué. Después, que la siguiente persona lea la segunda situación, y así, hasta que cada uno en el grupo haya tenido su turno.

Imagina que ves una casa incendiándose. ¿Qué harías?
◯ Llamaría a Emergencias y esperaría a los bomberos
◯ Correría adentro, en caso de que hubiera alguien atrapado
◯ Esperaría lo mejor y seguiría adelante
◯ Otro

Imagina que pierdes la billetera o la cartera. ¿Qué harías?
◯ Entraría en pánico
◯ Repasaría lo que hice durante las últimas doce horas
◯ Me relajaría… no perdí nada de valor
◯ Otro

Imagina que encuentras la billetera o la cartera de otra persona. ¿Qué harías?
◯ Buscaría una identificación y me pondría en contacto con el dueño
◯ Miraría el contenido
◯ Tomaría el dinero y descartaría el resto
◯ Otro

Imagina que atropellas un perro mientras conduces. ¿Qué harías?
◯ Buscaría a su dueño en la cercanía
◯ Lo colocaría en el auto y lo llevaría a un veterinario
◯ Llamaría a la policía
◯ Otro

Imagina que ves a un amigo hacer trampa en un examen. ¿Qué harías
◯ Confrontaría a mi amigo en privado más tarde
◯ Lo acusaría allí mismo
◯ Lo ignoraría
◯ Otro

Imagina si escucharas que alguien pide ayuda en un lugar peligroso de la ciudad. ¿Qué harías?
◯ Llamaría a Emergencias y esperaría a la policía
◯ Iría a toda prisa al lugar de donde proviene el sonido para ver qué sucede
◯ Saldría de allí lo más rápido posible
◯ Otro

Imagina si el cajero te diera dinero de más. ¿Qué harías?
◯ Devolvería el dinero extra
◯ Me quedaría con el dinero
◯ Supondría que contó mal
◯ Otro

Imagina que encuentras material ofensivo sobre un amigo en Internet. ¿Qué harías?
◯ Lo criticaría
◯ Le diría a mi amigo
◯ Lo usaría para sacar ventaja
◯ Otro

PRECALENTAMIENTOS

RESPUESTA DE EMERGENCIA

Divídanse en grupos de unas ocho personas. Lee la primera situación y cuenta cuál sería tu respuesta inicial de emergencia y por qué. Marca las casillas a cada lado de las situaciones, para indicar tu respuesta como «Yo primero» o «Los demás primero». Permite que cada miembro del grupo cuente, y luego responde a la segunda situación, etc.

YO PRIMERO   **LOS DEMÁS PRIMERO**

◯ El Titanic chocó contra el iceberg y se hundirá. ◯

◯ Tus padres te acusan a ti y a tu hermano de haber tenido una fiesta mientras estaban de viaje. ◯

◯ Un niño cruza la calle mientras vienen los autos hacia él. Si intentas rescatarlo, podrían atropellarte. ◯

◯ Un grupo escabroso de fanáticos del equipo opuesto los aborda a ti y a tu amigo. Tú puedes correr más rápido. ◯

◯ Estás en una fiesta con un amigo y te ofrecen cerveza. Tu amigo no bebe. ◯

◯ Ayudas a un amigo a hacer trampa en un examen. ◯

Según tus respuestas, ¿sueles tomar más de lo que das? ¿Cómo reaccionas frente a una crisis? ¿Tu pensamiento inicial es salvarte el pellejo o primero hacer lo que puedas para ayudar a los demás?

BUENOS MOMENTOS

Divídanse en grupos de hasta cuatro personas. Reflexionen sobre las siguientes preguntas de la niñez, y luego hablen sobre las respuestas.

1. *¿Dónde vivías entre los 7 y los 10 años?*
¿Qué te gustaba hacer en los días cálidos de verano?

2. *¿Cuál es la peor tormenta que recuerdas?*
¿Dónde te sentías más seguro durante una tormenta fuerte?

3. *¿Dónde o con quién te sentías más seguro y amado?*

4. *¿En qué momento Dios se transformó en una persona real y amorosa para ti?*

PRECALENTAMIENTOS

EL MEJOR

Divídanse en grupos de cuatro. Cada uno es especial a su manera. A los ojos de Dios, todos son extraordinarios y el mundo no puede colocar a un individuo en un lugar de importancia suprema y por encima de los demás. La forma en que te ves a ti mismo no es necesariamente la misma en que te ven los demás. Y puedes estar seguro de que tu Padre celestial te valora mucho más que a cualquier riqueza que el mundo pueda ofrecer o que el artesano más capacitado pueda diseñar. *Califícate en cada categoría marcando una X en la línea que más se acerque a la descripción adecuada.*

Posible rey/reina del baile escolar	**Invisible**	Popularidad
Lorenzo/Lara Limpieza	**Damián/Daniela Desorden**	Pulcritud
Bien vestido	**Pasado de moda**	Moda
Sabe escuchar	**No me importa para nada**	Sensibilidad
Gerardo/Graciela Gimnasio	**Pablo/Paula Pereza**	Estado físico
Miguel/Melina Modales	**David/Delfina Descortés**	Modales
Jugador más valioso	**El mejor calentador de bancos**	Agilidad

JOSUÉ 1:9

USAR LO QUE TENGO

Encuentra un compañero. Identifica tus puntos fuertes en cada categoría. Luego, pídele a tu compañero que identifique fortalezas adicionales que vea en ti. Hablen de las similitudes y las diferencias entre sus opciones. *¿Cómo podrías usar mejor los rasgos que identificaron para ayudar a los demás? ¿Cuál sería la ventaja de trabajar juntos en un proyecto?*

MENTAL	EMOCIONAL	ESPIRITUAL
Inteligencia	Calidez	Compasión
Creatividad	Sensibilidad	Gozo
Buen juicio	Coherencia	Serenidad
Seguridad en uno mismo	Entusiasmo	Dedicación
Sentido común	Paciencia	Dulzura
Determinación	Autocontrol	Generosidad
Sentido del humor	Buen humor	Humildad
Percepción	Confiabilidad	Disciplina
Comprensión	Equilibrio	Fe
Buena memoria	Tranquilidad	Valentía

PRECALENTAMIENTOS

SEGURIDAD

¿Tienes una pregunta que querrías hacerle a Dios? Si así es, ¿cuál sería?

¿Qué factores te ayudan a enfrentar las situaciones difíciles de la vida?

¿Hay algo que sepas con certeza que sirva para asegurarte que Dios se interesa profundamente por ti y se mantiene activo en el mundo?

PRECALENTAMIENTOS

JUEGO NUEVO

Mira la lista parcial de deportes más abajo y clasifícalos en orden, *desde el 1 (el que más te gusta) al 8 (el que menos te gusta)*.

___ Fútbol americano ___ Softball ___ Baloncesto ___ Béisbol

___ Fútbol ___ Hockey ___ Lacrosse ___ Vóleibol

En un grupo de ocho personas, hablen de lo que más les gusta de cada deporte enumerado. Combina los mejores elementos de cada deporte para hacer uno nuevo.

¿Qué nombre le pondrías a tu nuevo deporte?

¿Qué equipamiento y uniformes serían necesarios para jugarlo?

¿Cómo se jugaría y cómo se ganaría?

¿Qué clases de penales se cobrarían?

¿Sería más fácil crear un nuevo deporte tomando elementos de deportes existentes, o empezar de cero?

Lee Génesis 1:1-2:3. Dios creó algo de la nada.
¿Qué creó en esos primeros seis días?

Primer día:_____ Cuarto día:_____
Segundo día:_____ Quinto día:_____
Tercer día:_____ Sexto día:_____

El séptimo día Dios había completado Su obra de creación. El Señor descansó. Bendijo el séptimo día y lo declaró santo.

Lee Génesis 1:2 y 2:1 otra vez. ¿Qué cambió?

Primero, no había nada; después, existía todo.
Al principio, la Tierra no tenía forma; luego, se había completado todo.

Dios puede hacer lo que sea. Y todo lo que hace es bueno y perfecto.

Lee 2 Corintios 5:17 y habla sobre cómo la convicción en el maravilloso poder creativo de Dios hace nuevas todas las cosas.

PRECALENTAMIENTOS

PASAN COSAS MALAS

Formen grupos de cuatro personas. Usen sus computadoras o celulares para buscar artículos o titulares que reflejen la prevalencia del mal y la injusticia en la sociedad. Mientras buscan y hablan sobre lo que encontraron, no se queden en lo sórdido y usen su discernimiento. Ni siquiera tienen por qué buscar en internet si están al corriente de las noticias locales y mundiales. Hablen sobre las historias que encontraron o que conocen.

¿Cómo respondes generalmente ante los casos de maldad o de injusticia? Selecciona todas las respuestas aplicables.

- *Intervienes e intentas ayudar.*
- *Te dan rabia.*
- *Esperas que otro tome la decisión de hacer algo.*
- *Tratas de olvidarte del tema.*
- *Oras para que Dios intervenga.*
- *Te sientes impotente.*
- *Quieres hacer algo para acabar con el mal o la injusticia.*
- *Otras:*

Menciona un ejemplo de injusticia que hayas visto hace poco.

Cuando alguien te hace una maldad, ¿cómo sueles responder?

JESÚS Y YO

Divídanse en grupos de unas ocho personas. Antes de compartir sus respuestas, lean en silencio la siguiente lista y tilden la casilla junto a las tres cosas más importantes en su vida en este momento. Luego, escriban la letra adecuada (D, I o N) para indicar cuánta influencia tiene Jesús en cada área de su vida.

D – Mi relación con Jesús influye **DIRECTAMENTE** sobre esta área de mi vida.
I – Mi relación con Jesús influye **INDIRECTAMENTE** sobre esta área de mi vida.
N – Mi relación con Jesús **NO** influye sobre esta área de mi vida.

Solo tienes que tildar tres opciones de la lista de más abajo.

- Sacar buenas calificaciones _____
- Ir al cielo _____
- Tener trabajo _____
- Tener un auto _____
- Estar de novio _____
- Que mis compañeros y mis amigos me acepten _____
- Llevarme bien con mi familia en casa _____
- Saber quién soy y lo que quiero hacer con mi vida _____
- Sentirme bien conmigo mismo _____
- Hacer lo correcto _____

PRECALENTAMIENTOS

NÁUFRAGO

En grupos de cuatro personas, imagínate que estás en una isla tropical. Todo parece idílico, hasta que miras a tu alrededor y te das cuenta de que no hay nadie más en la isla. Sí, eres un náufrago en una isla desierta. Además de alimento y ropa —y, por supuesto, la sombra de tu infaltable palmera—, selecciona tres artículos que considerarías necesarios para sobrevivir. No puedes escoger más de tres. Es una isla realmente pequeña. Después de hacer tu selección, compara tu lista con las de los demás compañeros del grupo.

- carnada
- cama
- Biblia
- libros
- mazo de cartas
- equipo para hacer ejercicio
- botiquín de primeros auxilios
- caña de pescar
- un cuatriciclo
- arpón
- mascota
- un celular bien, bien inteligente
- televisión satelital
- computadora con batería solar
- tabla de surf

MEDIR TUS SENTIMIENTOS

¿Cómo te sientes? ¿Cómo te sientes realmente? ¿Te sientes de la misma manera en que te sentías la semana pasada a esta altura? ¿Crees que sabes cómo te sentirás mañana? ¿Te sientes de distintas formas al principio de un entrenamiento o evento deportivo que cuando termina? ¿Qué te hace sentir así y qué cambia tu estado de ánimo? *Indica en la imagen de más abajo en dónde te encuentras emocionalmente.*

¿Cómo están tus niveles de estrés, frustración y relaciones?
¿Tu tanque de amor está lleno o vacío?

	BAJO	NORMAL	ALTO
Tanque de amor			
Indicador de estrés			
Nivel de frustración			
Entusiasmo			
Relaciones			

PRECALENTAMIENTOS

¿PREFERIRÍAS...?

Divídanse en grupos de unas ocho personas.
Se trata de un juego sencillo de decisión.
Lo único que tienes que hacer es decidir entre las dos opciones disponibles.

Realiza una pausa después de leer cada par de opciones, para que todos puedan responder. Cuando todos en el grupo hayan respondido, pasen al siguiente par, y luego al siguiente, etc.

PRIMERA OPCIÓN	SEGUNDA OPCIÓN
Gastar mi herencia	Colocar el dinero en el banco
Dar una vuelta por la pista con un conductor profesional de carreras de auto	Sentarme en las gradas
Hacer buceo	Jugar a los bolos
Liderar un grupo	Perderme entre la multitud
Estudiar mucho para un examen	Improvisar sobre la marcha
Decir lo que pienso	Guardarme mis opiniones
Explorar la ciudad	Quedarme cerca de casa
Mirar una película de terror	Mirar una película animada
Vivir con confianza sabiendo que Dios tiene el control de mi futuro	Vivir en incertidumbre porque no puedo controlar ni saber lo que me depara el futuro

PRECALENTAMIENTOS

EN EL CAMINO

Formen grupos de unas ocho personas y prepárense para responder a siete afirmaciones. Antes de empezar, que alguien del grupo lea Efesios 6:10-18 en voz alta. Dios no nos promete una vida fácil. Pablo habla de la vida cristiana como una batalla y compara el equipo espiritual que necesitamos para luchar con el de un soldado. Túrnense para leer cada afirmación y descripción. Después de leer cada afirmación, encierra en un círculo el número que te describe mejor: 1 si prácticamente no te describe y 10 si te describe bien.

LA VERDAD COMO UN CINTO
Estoy preparado para jugarme la vida afirmando que Jesucristo es el Hijo de Dios. He pensado a fondo en lo que creo, y estoy dispuesto a defender la verdad.

1 2 3 4 5 6 7 8 9 10

LA JUSTICIA COMO UNA ARMADURA
Estoy preparado para hacer lo que digo, y tener una vida digna y recta, en genuina integridad como Cristo vivió. Me tomo en serio ser hijo de Dios.

1 2 3 4 5 6 7 8 9 10

LOS PIES CALZADOS Y LISTOS PARA PROCLAMAR EL EVANGELIO DE LA PAZ
Estoy dispuesto a afirmar públicamente mi fe en Cristo: en mis estudios, el trabajo, la cancha... donde sea. Me resulta fácil hablar sobre mi fe personal.

1 2 3 4 5 6 7 8 9 10

ESCUDO DE LA FE
Estoy dispuesto a afirmar públicamente mi fe en Cristo, a arriesgar mi vida y mi futuro por Él, sin medir el costo o las consecuencias. Mediante la fe, resisto al maligno.

1 2 3 4 5 6 7 8 9 10

CASCO DE LA SALVACIÓN
Sé que soy parte de la familia de Dios, gracias a la obra de Jesucristo. Tengo plena paz interior porque tengo paz con Dios.

1 2 3 4 5 6 7 8 9 10

LA ESPADA DEL ESPÍRITU (LA PALABRA DE DIOS)
Me dedico activamente a conocer más sobre Dios y Su voluntad para mi vida, mediante el estudio de Su guía, la Biblia. Tengo la disciplina de meditar en ella todos los días.

1 2 3 4 5 6 7 8 9 10

ORACIÓN
Aparto un tiempo para hablar regularmente con Dios y escuchar lo que Él quiere decirme. Intento a conciencia consultar con Dios todas las decisiones de mi vida.

1 2 3 4 5 6 7 8 9 10

PRECALENTAMIENTOS

CHEQUEO

1. **nunca** 2. **rara vez** 3. **a veces** 4. **la mayor parte del tiempo** 5. **siempre**

Comenten sus respuestas en grupo. *Recuerden que ningún grupo es perfecto y que necesitan tiempo para crecer juntos.*

Siento que este grupo:

	1	2	3	4	5
entiende lo que intento expresar					
se da cuenta cuando algo me molesta					
me acepta por lo que soy					
se siente en libertad de decirme si estoy molestando					
alienta mis comentarios y opiniones					
está alcanzando su potencial					
me ayuda a entender mejor a Dios					
me incluye en lo que hace					
me alienta a crecer en mi fe cristiana					
resuelve bien los problemas					

ESQUIVA A JUAN

Siéntense de manera que todos puedan verse claramente los rostros. Elijan un líder. Para empezar, todos tienen que cerrar los ojos, excepto el líder, que le dará un golpecito en el hombro a una de las personas. Esta se transforma en «Juan». Una vez que el líder selecciona secretamente a «Juan», todos abren los ojos. Dile a «Juan» que le guiñe el ojo a alguien, sin que los demás lo vean. Cuando le guiña el ojo, esa persona queda fuera del juego, y lo indica dándole la espalda al grupo. El objetivo del juego es esquivar la mirada de «Juan», mientras intentas adivinar quién es. Cuando se revela la identidad de «Juan», termina el juego. Si alguien cree que ve a «Juan» haciendo de las suyas en el grupo, debe decírselo en secreto al líder. Para detener a «Juan», hacen falta tres acusaciones correctas de los miembros del grupo. Jueguen varias rondas, dejando que distintas personas hagan el papel de Juan.

¿Cómo adivinaron quién era Juan en tu grupo?
¿Evitaron mirar a los demás a los ojos, o miraron fija y amenazadoramente?
¿Cuál crees que fue la mejor estrategia para permanecer en el juego?

PRECALENTAMIENTOS

¿Cuán importante es creer? ¿Qué cosas son obstáculos para creer?

¿Por qué las personas pueden «esquivar» un problema en lugar de confrontarlo y formar una convicción personal al respecto?

¿Hace falta «ver para creer» o «creer para ver»? ¿Cuál es la diferencia?

¿Qué sabes que es verdad respecto a tu relación con Cristo? ¿Cómo influye tu convicción en Dios en lo que crees sobre el éxito, el fracaso y la vida en este mundo?

SUEÑOS Y PESADILLAS

Una popular canción infantil inglesa termina con las palabras: «la vida no es más que un sueño». Algunos ven la vida de esta manera. Sin embargo, a otros les parece más bien una pesadilla. La vida puede ser difícil. Pero, con el tiempo, se pone mejor. Nadie disfruta de las pesadillas, así que concentrémonos en los sueños.

En grupos de unas ocho personas, que cada uno lea el primer sueño y sus posibles respuestas. Antes de que la persona escoja una respuesta, permite que los demás miembros del grupo adivinen lo que puede llegar a seleccionar. Entonces, que la persona revele su respuesta. Luego, el próximo tiene que leer el segundo sueño, y así. Repitan las preguntas hasta que todos hayan respondido al menos a uno de los sueños.

1. *Cuando pienso en las vacaciones de invierno o verano, sueño con*
- Hacer excursiones en la montaña
- Hacer surf en la playa
- Dormir hasta tarde
- Viajar al exterior
- Otro

2. *Cuando sueño sobre mi futura carrera, pienso en ser*
- Atleta profesional
- Músico
- Médico
- Voluntario
- Otro

3. *Cuando pienso en mi fin de semana de ensueño, me imagino*
- Cena y película
- Ir a un recital
- Otro
- Asistir a un retiro de la iglesia
- Encontrarme con amigos en el centro comercia

4. *Cuando pienso en mi auto soñado, me imagino conduciendo*
- Un vehículo utilitario
- Un convertible
- Un híbrido
- Un camión
- Otro

PRECALENTAMIENTOS

¡LO TENGO!

Divídanse en grupos de ocho. Si tienes una mochila, billetera o bolso, utiliza la primera serie de preguntas. Si no tienes una mochila, una billetera o un bolso contigo, usa la segunda serie de preguntas. Tienes dos minutos en silencio para revisar tus pertenencias o pensar en tus respuestas. Después de dos minutos, rompe el silencio y habla sobre lo que tienes. Pero, primero, tienes que trabajar en silencio y por tu cuenta. Lo más probable es que no tengas todos los elementos enumerados (quizás no tengas ninguno).

Si tienes algunos elementos en tu mochila, billetera o bolso:
1. Lo que me recuerda un momento divertido es ...
2. Lo que hace más tiempo que tengo conmigo es ...
3. Lo que más revela sobre mí es ...
4. Lo que tiene un mayor valor sentimental para mí es ...

Si no tienes mochila, billetera o bolso:
1. Lo más barato que tengo puesto es ...
2. Lo más costoso que tengo puesto es ...
3. Lo que llevo conmigo a todas partes es ...
4. Lo que llevo puesto que tiene un valor sentimental para mí es ...

PROTAGONISMO

Encuentra un compañero. Piensa cómo responderías a las siguientes preguntas, sin comentar ni compartir tu respuesta, por el momento.

¿Cómo juzgarías el grado de confianza que te tienes? ¿Te sientes demasiado seguro de ti mismo o te sientes inseguro?

¿Por qué te sientes tan seguro de ti mismo? Escribe dos o tres causas a continuación. Comenta con tu compañero cómo piensas que otras personas responderían a las siguientes preguntas.

¿Cómo juzgan los demás el grado de confianza que te tienes?

¿La gente cree que te tienes demasiada confianza? Conversa con tu compañero sobre las causas que los hacen sentirse seguros, y que anotaron más arriba.

¿Tienen algunas causas en común o no podrían ser más diferentes? Tendemos a desear el protagonismo cuando nos sentimos seguros de nosotros mismos y de nuestro rendimiento o desempeño. Jesús nos recuerda: «Hagan brillar su luz delante de todos, para que ellos puedan ver las buenas obras de ustedes y alaben al Padre que está en el cielo» (Mateo 5:16). Tal vez tendrías que preocuparte menos por el grado de confianza que te tienes y pensar más en cómo Dios quiere usarte y lo que Él quiere obrar a través de ti.

PRECALENTAMIENTOS

INFUSIÓN DIVINA

Llena una taza de vidrio con agua caliente y sostén un saquito de té por encima de ella. Rápidamente, sumerge el saquito en el agua y quítalo de inmediato. Explica que la taza de agua nos representa a nosotros, y el saquito de té representa la Palabra de Dios. Cada vez que escuchas la Palabra de Dios es como sumergir el saquito de té en el agua. Muéstrale el contenido de la taza al grupo y pregunta: «¿Esto les parece un té?». (No debería parecerse a un té.) Señala que el té requiere tiempo. El saquito de té tiene que reposar en el agua. De la misma manera, lleva tiempo ser transformado por la Palabra de Dios.

Sumerge el saquito de té en el agua y déjalo reposar. Comenta que meditar en la Palabra de Dios es como dejar el saquito en el agua hasta que el té penetre bien. Sumerge el saquito en el agua varias veces, dejándolo reposar.

1. ¿Qué le sucede al agua a medida que el saquito de té permanece sumergido más tiempo?

2. ¿Qué aprendiste sobre la meditación cristiana del ejemplo del saquito de té?

3. ¿Qué parte de tu vida está impregnada por la Palabra de Dios?

◯ Una parte   ◯ La mayor parte   ◯ Toda   ◯ Nada

2050

Divídanse en grupos de hasta cuatro personas. Reflexionen sobre las siguientes preguntas acerca del futuro, y luego discutan las respuestas.

1. ¿Qué frases describen mejor tu filosofía sobre el futuro?

«Un día a la vez».
«A veces, eres el insecto; otra veces, el parabrisas».
«Hierba mala nunca muere».
«Volver al futuro».
«El futuro es tan brillante que necesitas anteojos de sol».
«No quiero crecer».
«El que no está ocupado naciendo, está ocupado muriendo».
«El futuro les pertenece a los que planean para el futuro».
«No sé qué me aguarda en el futuro, pero sé quién guarda el futuro».
«No se puede volver a casa».

2. ¿Qué te gustaría estar haciendo en el 2050?

3. ¿Qué esperarías tener en el futuro que no tengas ahora?

PRECALENTAMIENTOS

PENAL

Necesitarás un par de pelotas de fútbol. Todos tendrán una venda para los ojos y la utilizarán en la tercera ronda del juego. Párense en círculo, de manera que tus pies toquen los de tu compañero y tus piernas estén levemente separadas. Coloca las pelotas en el círculo. Quizás quieran comenzar con una sola pelota, y añadir la otra más adelante. El objetivo del juego es pegarle a la pelota y hacerla pasar entre las piernas de otra persona. Las reglas son sencillas:

1. Solo se puede usar un brazo.
2. Hay que pegarle a la pelota con la mano abierta.
3. La pelota no puede rebotar en el suelo.
4. Cuando la pelota pasa por las piernas de un jugador, ese jugador tiene que salir del círculo, y la ronda se achica.
5. Un jugador vuelve al juego, tomando el lugar del próximo que sale.

Jueguen varias rondas, y utilicen las siguientes preguntas para debatir:

1. ¿En qué concentraste la mayor parte de tu atención?
2. ¿Estabas al tanto de todo lo que sucedía todo el tiempo?
¿Por qué o por qué no?
3. ¿Preferías pegarle a la pelota o evitar que pasara entre tus piernas?
Clasifica tu nivel de estrés más abajo, marcando con una X el lugar que te parezca.

BIEN TRANQUILO   **PRESIÓN DE LA FUERZA DE GRAVEDAD**
Colóquense para jugar en círculo otra vez. Esta vez, añade tres o cuatro arqueros en el medio del círculo, para intentar bloquear los tiros. Jueguen varias rondas y hablen sobre las preguntas de más arriba.
Clasifica tu nivel de estrés nuevamente, anotando una X en el lugar que represente la tensión que sentiste en el mismo juego, pero al añadir los arqueros.

BIEN TRANQUILO   **PRESIÓN DE LA FUERZA DE GRAVEDAD**
Jueguen una última vez. Los arqueros siguen en el medio, pero se añaden vendas para los ojos. Todos los jugadores en el círculo y los arqueros en el medio deben vendarse los ojos. Jueguen varias rondas y hablen sobre las preguntas de más arriba.
Clasifica tu nivel de estrés nuevamente, anotando una X en el lugar que represente la tensión que sentiste en el mismo juego, pero al añadir los arqueros y las vendas para los ojos.

BIEN TRANQUILO   **PRESIÓN DE LA FUERZA DE GRAVEDAD**
¿Qué factores estresantes de tu vida son obra tuya?
¿Cuáles están fuera de tu control?

La Biblia proporciona ayuda para manejar el estrés. Dediquen algo de tiempo a buscarla. A medida que la encuentren, anoten las referencias en los márgenes de esta página.

PRECALENTAMIENTOS

CRISIS EVITADA

Formen grupos de cuatro personas. Lee la lista a continuación. Es una lista de cualidades personales basadas en valores positivos. Piensa en cada una de las personas que integran tu pequeño grupo y escribe su nombre al lado de la cualidad que mejor la describa. Puedes usar el nombre de cada integrante solo una vez y debes usar los nombres de todos una vez. (Por lo tanto, la mayoría de las cualidades de la lista quedarán vacías). Túrnense para que cada uno comparta las cualidades que asignó a sus compañeros.

_____ **Constructor de comunidad:** Dios te usa para crear unidad entre la gente.

_____ **Compasivo:** Tienes la sensibilidad para sentir lo que otros sienten.

_____ **Satisfecho:** Sabes que tu valor se basa en quién eres y no en lo que tienes.

_____ **Fiel:** Eres fiel y mantienes tus principios morales cristianos aun bajo presión.

_____ **Generoso:** Das con liberalidad, no para llamar la atención ni para que te alaben, sino por el gozo de dar.

_____ **Amable:** Puedes ser amable porque tienes fuerza interior.

_____ **Humilde:** Ejemplificas la humildad.

_____ **Alegre:** A pesar de las circunstancias, tienes una sonrisa en el rostro y una actitud positiva ante la vida.

_____ **Amoroso:** Tienes la capacidad cristiana de amar al prójimo incondicionalmente.

_____ **Paciente:** Nunca pareces tener prisa ni te irrita tener que esperar a otros.

_____ **Pacificador:** Dios te dio el don de saber ayudar a la gente a superar las diferencias.

_____ **Puro de corazón:** Tu vida se caracteriza por ser íntegro ante Dios y los demás.

_____ **Con hambre espiritual:** Anhelas de corazón crecer y madurar en una relación con Dios.

_____ **Transparente:** Eres capaz de ser tú mismo, sin fingimiento, y dejas que la luz de Cristo brille a través de tu vida.

Ahora que has reconocido en los miembros del grupo los valores que tienen, piensa en cómo cada una de estas personas podría usar sus cualidades personales para enfrentar una crisis futura. Piensa en crisis realistas que podrían afectar a tu grupo. Luego conecta las crisis que identificaste con las personas que mejor te podrían ayudar a enfrentar la situación.

Teniendo en cuenta las características de cada uno, piensen en un nombre para el grupo, que transmita los valores y las virtudes que los caracterizan. ¿Ejército de Salvación? ¿Fraternidad de Atletas Cristianos? Esos nombres no valen.

PRECALENTAMIENTOS

  ### CARRERA A FUTURO

Júntense en grupos de unas ocho personas y diviértanse hablando del futuro. Para reconocer tu llamado en la vida, tal vez te ayude eliminar algunas ocupaciones que no te gustarían. Mira la lista de más abajo y escoge las tres peores opciones para tu carrera futura.

○ Oficial principal de control de animales en un zoológico de reptiles
○ Director de escuela secundaria
○ Investigador que estudie los hábitos de poner huevos del salmón de Alaska
○ Organizador de papeleo para el Congreso
○ Encargado de control de las masas en un concierto al aire libre
○ Director de una guardería de niños en edad preescolar
○ Operador de bomba para una empresa de baños portátiles
○ Ensamblador de juguetes navideños
○ Asistente de doctor en una casa para luchadores de sumo jubilados
○ Médico oficial de la ANH (Asociación Nacional de Hipocondríacos)

   ### DIEZ MIL DÓLARES

¡Qué suerte tienes! Un pariente adinerado te acaba de dar $10.000. ¿Cómo los gastarás? Y por si te cuesta pensar en un plan para gastarlo, ese mismo pariente te dio algunas categorías, para ayudarte a decidir. Júntense en grupos de cuatro y comparen cómo gastarían el dinero. Fíjate si los demás pueden adivinar la categoría en la que gastarías la mayor cantidad de dinero, antes de revelar las respuestas.

Cantidad de dinero	Respuesta
_____	Vestimenta
_____	Equipamiento deportivo
_____	Combustible
_____	Salidas con amigos
_____	Citas
_____	Ahorros
_____	Boletos para un recital
_____	Mi pasatiempo
_____	Tecnología
_____	Mi familia
_____	Boletos para eventos deportivos
_____	Música
_____	Iglesia
_____	Esquí

PRECALENTAMIENTOS

TIEMPO SUSPENDIDO

Pide voluntarios para que den ejemplos de tiempo de suspensión en los deportes. ¿En qué eventos deportivos hay más tiempo suspendido? ¿Cuándo han visto tiempo suspendido? ¿Cuál fue el resultado? El tiempo suspendido puede ser bueno y no tan bueno. Después del saque inicial, es bueno tener un poco de tiempo extra para correr por el campo y llegar al receptor. Por otro lado, como receptor, tienes la opción de señalar una buena atrapada, pero mientras miras la pelota que gira y cae en espiral desde el cielo en cámara lenta, quizás pienses: *Si tan solo pudiera atrapar esa pelota antes de que cualquiera se acercara, podría acortar la distancia entre mi equipo y la línea de anotación*. El tiempo suspendido es para los dos equipos. Y funciona de las dos maneras en los círculos sociales.

Consigan una pelota de tenis. Anuncia que arrojarán la pelota al aire. Mientras está en el aire, los alumnos deben pensar en las siguientes preguntas. Quien atrape la pelota debe responder la pregunta o arrojarle la pelota a otro, y ese debe contestar. Mientras la pelota se va pasando, los alumnos pueden responder la misma pregunta. Para pasar a la siguiente, alguien tiene que sostener la pelota, hacer la siguiente pregunta, y luego arrojar la pelota al aire.

¿Qué problema actual te impacta personalmente? ¿Qué problema tiene un lado bueno y uno malo? ¿Cuál proporciona una oportunidad positiva? ¿Frente a qué problemática te enfrentas solo, a comparación de la mayoría de tus amigos? ¿Qué cuestión defenderás, aunque te cueste tu reputación? ¿Cómo sabes cuándo es momento de dejar de apoyar verbalmente una causa? ¿Qué dificulta escoger un lado en particular de un problema respecto al otro? ¿Cuándo una problemática social se transforma en una convicción personal?

REGLAS: ¿CUMPLIR, MANIPULAR O ROMPER?

Divídanse en grupos de hasta cuatro personas. Comenta que los juegos son una excelente manera de divertirse y pasar el tiempo. Proporciona tantos juegos de mesa (damas, ajedrez y otros) como puedas, y distribúyelos entre los grupos. Diles a los alumnos que preparen los juegos, pero que esperen hasta que des la señal para comenzar. Cuando todo esté listo, diles a los alumnos que jueguen con solo una regla en mente: No hay reglas.

Después de unos minutos de jugar, convoca a todos los grupos y debatan las siguientes preguntas sobre sus juegos favoritos: *¿Qué era lo que más te gustaba de tu juego favorito? ¿Cuáles eran algunas de las reglas de ese juego? ¿Qué reglas tiene el juego que se le asignó a tu grupo? ¿Cuáles son las que más te molestan?* Cuando los alumnos respondan, hablen de por qué los creadores de los juegos incluyen reglas. Pregúntales si alguna vez pensaron que, en realidad, las reglas son lo que le dan al juego su valor de entretenimiento. *¿Cuál es tu visión respecto a cumplir las reglas, tanto en los juegos como en la vida? ¿Te mantienes dentro de los límites, o estás siempre al borde?*

JOSUÉ 1:9
LEVÁNTATE

ESTUDIOS PARA DEPORTISTAS

Utiliza estos estudios breves de temática deportiva para tu lectura personal de la Biblia, tus estudios bíblicos grupales, tus reuniones en pequeños grupos o en capilla. Lee los pasajes de la Escritura con cuidado, y tómate un tiempo para meditar en las preguntas de estudio. Esto te ayudará a entender el mensaje de la Biblia y a aprender a aplicar las verdades de Dios en tu vida cotidiana.

ASPECTOS BÁSICOS

En esta sección, comenzaremos con los Fundamentos para ser un atleta para Cristo. Los aspectos básicos son esas verdades e ideas que un cristiano debe entender en primer lugar. Estas son las estrategias y técnicas básicas que un atleta cristiano debería esforzarse por dominar.

EVITA AL AGUAFIESTAS

PRECALENTAMIENTO

1. ¿Tus amigos te consideran un optimista o un pesimista? ¿De qué clase de personas te rodeas?
2. ¿Cuándo has sorprendido a los demás con tu optimismo? ¿Cuándo has arrastrado a otros con una actitud pesimista y deprimente?

ENTRENAMIENTO Juan 10:10

3. Jesús nos recuerda que Satanás se opone directamente a Él. ¿Cuándo has presenciado la batalla entre Cristo y Satanás en el mundo?
4. ¿Qué efecto puede tener sobre tu amor por la vida y sobre tu decisión de jugar tu deporte favorito la realidad de que el mal mata y roba?
5. Al saber que Jesús conquistó el mal y que ha venido a darte vida en abundancia, ¿cómo abordarás las victorias y los desafíos dentro y fuera del campo de juego?

JOSUÉ 1:9

ASPECTOS BÁSICOS

ESTABLECER UN ESTÁNDAR

PRECALENTAMIENTO

1. ¿Qué esperan tus compañeros de equipo de ti?
   ¿Qué espera tu entrenador de ti?
2. Describe un momento en que tú o algún otro hayan sorprendido a los fanáticos en un partido al hacer algo inesperado.
   ¿Cómo respondieron los demás?

ENTRENAMIENTO Romanos 12:9-21

3. ¿Cómo se describen el amor y la vida en los versículos 9-16?
4. Según los versículos 17-21, ¿cómo tenemos que lidiar con las injusticias de la vida?
5. ¿Qué descripción en estos versículos te resulta más difícil imitar? ¿Por qué?

EN SUS MARCAS. LISTOS.

PRECALENTAMIENTO

1. ¿Cómo te preparas mentalmente para la competencia?
2. ¿Alguna vez estuviste tan nervioso antes de una competencia que quedaste paralizado por el temor? ¿Qué impacto tuvo esto sobre tu rendimiento?

ENTRENAMIENTO Josué 2:1-24

3. ¿Cómo se prepara Josué para la batalla? ¿Cómo se prepara Rahab?
4. ¿Cuál es la motivación de Rahab? ¿El temor?
   ¿El deseo de seguridad? ¿El respeto por el poder de Dios?
5. ¿Cómo puede ayudarte Dios a prepararte para tu próxima batalla?

ASPECTOS BÁSICOS

ALCANZA TU POTENCIAL

PRECALENTAMIENTO

1. ¿Cuándo te diste cuenta por primera vez de que tenías el potencial para sobresalir en los deportes? ¿Fue algo que viste por tu cuenta o te lo señalaron otros?
2. ¿Qué te dio la seguridad para esforzarte y transformar tu potencial en algo tangible?

ENTRENAMIENTO   Efesios 1:3-14

3. ¿Qué afirman las promesas de Dios (vv. 3-5) sobre el potencial con el cual naciste?
4. ¿Cómo puede cambiar tu manera de ver tus talentos y habilidades el saber que fuiste adoptado por Dios?
5. ¿Qué sientes al entender que Dios tiene grandes planes para ti y sabe que puedes lograr mucho más de lo que ya alcanzaste?

LECCCIONES DE LA DERROTA

PRECALENTAMIENTO

1. Describe una derrota humillante que hayas sufrido tú o tu equipo. ¿Qué fue lo peor?
2. ¿Qué lecciones te enseñó esa derrota? ¿Cómo te ayudaron esas lecciones en las competencias futuras?

ENTRENAMIENTO   Salmos 51:1-19

3. Según el Salmo 51, ¿qué lecciones aprendió David de su humillante derrota?
4. ¿Qué cualidades de carácter quiere Dios que tengan Sus hijos (ver versículos 5-12)? ¿Qué pasos te propones dar para adquirir esas cualidades de carácter en tu vida?

ASPECTOS BÁSICOS

CORTAR POR LO SANO

PRECALENTAMIENTO

1. ¿Cómo sabes cuándo te has esforzado al máximo en tu deporte? ¿Esto sucede a menudo?
2. ¿Alguna vez te sentiste avergonzado después de competir, porque no te esforzaste lo suficiente?

ENTRENAMIENTO 2 Timoteo 2:15-16, 22-26

3. ¿Qué te pide Dios para que alcances tu máximo potencial?
4. ¿Qué significa «que interpreta rectamente la palabra de verdad»?
5. ¿Qué decisiones tomarás esta semana para huir «de las malas pasiones de la juventud», y esmerarte «en seguir la justicia, la fe, el amor y la paz»?

ASPECTOS BÁSICOS

AUTODISCIPLINA

PRECALENTAMIENTO

1. ¿Por qué es importante la autodisciplina en tu deporte? ¿Hay alguna fórmula mental o rutina que uses para desarrollar la autodisciplina?
2. ¿Qué cosas te hacen perder la disciplina con más frecuencia?

ENTRENAMIENTO Jueces 16:1-22

3. ¿En qué se ve la falta de disciplina en Sansón? ¿Cómo le habría cambiado la vida si hubiera tenido más autodisciplina?
4. ¿En qué áreas de tu vida espiritual necesitas más entusiasmo o disciplina? ¿Cuáles serían los beneficios de un mayor entusiasmo y disciplina?

FANÁTICOS EN LAS GRADAS

PRECALENTAMIENTO

1. ¿Qué disciplinas asociadas con tu deporte favorito te cuesta más mantener? ¿Cuáles te parecen sencillas?
2. ¿Qué efecto tiene la multitud sobre tu desempeño? ¿Te desenvuelves mejor o peor frente a los fanáticos?
3. ¿Cuáles son tus tácticas para desconectarte de la multitud y así poder concentrarte en tu desempeño?

ENTRENAMIENTO Hebreos 12:1-2

4. ¿Cómo mejora tu rendimiento saber que tienes «una multitud tan grande de testigos» que te observan vivir dentro y fuera de la cancha?
5. ¿Qué te estorba en tu carrera para Cristo? ¿De qué necesitas librarte que te esté pesando y te impida vivir como Cristo quiere?

ASPECTOS BÁSICOS

¿TIENES CORAZÓN?

PRECALENTAMIENTO

1. ¿Cuán a menudo te tomas el pulso?
   ¿Sabes cuál es tu frecuencia cardíaca en reposo?
2. ¿Cuándo has sentido que se te estaba por salir el corazón del pecho de lo fuerte que latía?

ENTRENAMIENTO   Colosenses 3:23-24

3. La Biblia te instruye a poner el corazón en todo lo que hagas. Cuando te esfuerzas al máximo, ¿lo haces para impresionar a los demás o para honrar al Señor?
4. Cristo te promete una herencia eterna.
   Con Su promesa en mente, ¿cómo estás invirtiendo hoy?
5. ¿Estás poniendo el corazón en las cosas correctas?
   De lo contrario, ¿qué ajustes tienes que hacer para lograrlo?

NO SOLO UN CARTEL EN LAS GRADAS

PRECALENTAMIENTO

1. Si escribieras algo en tu uniforme, equipamiento o cuerpo, ¿qué sería?
   ¿Serían palabras o un símbolo?
2. Quizás ya le hayas puesto tu marca personal a algo.
   ¿Cómo reaccionan las personas cuando lo ven?

ENTRENAMIENTO   Juan 3:16

3. Este es uno de los primeros pasajes bíblicos que memorizan los niños. Divídelo en cinco secciones. Vuelve a leerlo.
4. Cada frase contiene un verbo: amó, dio, cree, (no se) pierda y tenga (vida eterna). ¿Qué verbos indican la acción de Dios?
   ¿Qué verbo señala tu respuesta?
5. Este versículo aparecía en los partidos de pelota de la década de 1980. Algunos dicen que era para alentar a los fanáticos a creer en sus equipos en tiempos difíciles. Sin embargo, la verdad que Dios quiso comunicar es mucho más fundamental. ¿Con quién compartirás la verdad del Señor?

ASPECTOS BÁSICOS

RESPETAR AL REFERÍ

PRECALENTAMIENTO

1. ¿Alguna vez considerarías ser un referí profesional? ¿Por qué o por qué no?
2. ¿Cuál es tu reacción habitual frente a las reglas, regulaciones y decisiones oficiales?

ENTRENAMIENTO Hebreos 12:11-13

3. ¿Cómo definen estos versículos el viejo dicho: «el que quiere celeste, que le cueste»?
4. ¿Cuáles son los resultados de la disciplina de Dios? ¿Cómo son estos beneficios en tu vida?
5. La disciplina es parte necesaria de la vida. ¿Cómo puedes beneficiarte más del entrenamiento divino? Ponte de «rodillas debilitadas» y confiesa cualquier resistencia a la disciplina amorosa de Dios.

ASPECTOS BÁSICOS

CÍÑETE AL PLAN

PRECALENTAMIENTO

1. ¿Te consideras un atleta disciplinado? ¿Qué te hace ser así?
2. ¿Qué rutina de entrenamientos o plan para ponerte en forma te ha dado los mejores resultados?

ENTRENAMIENTO Josué 6:1-21

3. ¿Cuál fue el plan de Dios para conquistar Jericó (vv. 1-5)?
4. ¿Cómo respondieron Josué y el pueblo al plan de siete días del Señor? ¿Qué resultados hubo al seguir la instrucción?
5. ¿Cómo puede tu determinación en los deportes reflejar tu confianza en el plan más grande de Dios para ti?

HAZLO POR ÉL

PRECALENTAMIENTO

1. ¿Hay alguien que no te haya visto competir jamás, pero que significaría muchísimo para ti si pudiera hacerlo?
2. Si esa persona estuviera presente la próxima vez que compitieras, ¿cómo crees que te sentirías? ¿Estarías emocionado? ¿Nervioso?

ENTRENAMIENTO Salmos 105:4

3. El salmista sabía lo que era caminar con el Señor. Se apoyaba en Dios una y otra vez. ¿De dónde provienen tu fortaleza y tu aliento? Si no es de Dios, ¿por qué no?
4. ¿De qué maneras prácticas puedes buscar «siempre su rostro», mientras te preparas para ser el mejor atleta que puedes ser para el Señor?

ASPECTOS BÁSICOS

LO QUIERO

PRECALENTAMIENTO

1. ¿Dónde encuentras la motivación para esforzarte cuando practicas un deporte?
2. ¿Cuán importante es ganar para ti? ¿Cómo te sientes cuando das lo mejor de ti?

ENTRENAMIENTO Mateo 6:25-33

3. Según el versículo 31, ¿cuáles son algunos factores motivadores en la vida de muchas personas?
4. ¿En qué sentido son motivadoras las preocupaciones? ¿Cuáles fueron las consecuencias de tus preocupaciones?
5. ¿Cómo afectaría tu motivación seguir las prioridades que Jesús marcó en el versículo 33? ¿Cómo se beneficiarían tu deporte y tu vida si cambiaras tus objetivos?

MALVADO

PRECALENTAMIENTO

1. ¿Cómo representan la literatura y los medios la eterna batalla entre el bien y el mal? ¿Qué lado suele ganar?
2. ¿Prefieres ver que los buenos o los malos salgan airosos? ¿Por qué?

ENTRENAMIENTO Malaquías 3:13–4:3

3. ¿Cuál era la queja del pueblo contra Dios? ¿Tenían razón para quejarse?
4. Según la Escritura, ¿qué distingue a los justos de los malvados?
5. ¿Cómo puede motivarte la convicción de que Dios tiene el poder final sobre el mal a enfrentar a los compañeros deshonestos y las organizaciones corruptas?

COMPETICIÓN

Esta sección de los estudios para deportistas se concentra en la competencia. Si los cristianos tienen que ser siervos de los demás, ¿adónde encaja el concepto de competir? ¿Acaso un atleta cristiano puede ser verdaderamente competitivo? ¿Dónde está el equilibrio? Dios nos diseñó para la aventura y la competencia, pero le preocupan nuestras actitudes y nuestra manera de competir.

FALTA

PRECALENTAMIENTO

1. ¿Aquellos contra los cuales compites te respetan o te desprecian? ¿Por qué?
2. ¿Cómo respondes cuando un competidor intenta hacer trampa en tu contra?

ENTRENAMIENTO

Daniel 6:1-24

3. ¿Por qué estas personas le tendieron una trampa a Daniel, con la esperanza de matarlo? ¿Por qué insistieron en que el rey emitiera un decreto?
4. ¿Qué me dices de ti? ¿Estás a la altura de Daniel? ¿Eres intachable? ¿Irreprensible? ¿O te encuentras en algún lugar intermedio?

COMPETICIÓN

LO IMPORTANTE ES CÓMO JUEGAS

PRECALENTAMIENTO

1. ¿Qué te parece la frase: «No se trata de ganar o perder; lo importante es cómo juegas»? ¿Crees que la mayoría de los deportistas cree en la veracidad de esta frase?
2. ¿Cuán importante es para ti ganar? ¿Cómo te sientes cuando pierdes?

ENTRENAMIENTO — Colosenses 3:23-24

3. ¿Qué expresan estos dos versículos sobre el valor del trabajo esforzado? Si sabes que estás haciendo todo para Dios, ¿cómo afecta esto tu manera de abordar la competencia?
4. ¿En qué difieren radicalmente las palabras de Pablo a los colosenses de la visión mundana respecto a ganar?
5. ¿Qué efecto puede tener esta perspectiva sobre ganar y perder en la manera en que enfrentas los resultados impredecibles de la competencia?

CELEBRA

PRECALENTAMIENTO

1. ¿Alguna vez conseguiste un logro o una victoria que hizo que tú, tu equipo, tu entrenador, tus hinchas o tus padres saltaran de alegría? ¿Cuáles fueron las circunstancias?

ENTRENAMIENTO — Números 14:1-35

2. ¿Qué pasó en 2 Samuel 6:1-5? Según el versículo 12, Dios bendijo a una familia gracias al arca. En tus palabras, describe cómo lo celebraron, en los versículos 14-15.
3. ¿En qué área de la vida de tu equipo podría traer Dios Su presencia y bendición? ¿Te parece que Dios realmente quiere hacerlo?
4. ¿En qué área de tu vida personal la presencia y la bendición de Dios te harían saltar de alegría?

COMPETICIÓN

CONOCER LA COMPETENCIA

PRECALENTAMIENTO

1. ¿En qué te sirve conocer a tu contrincante antes de un partido? ¿Se te ocurre un ejemplo reciente en el que contar con esa información te sirvió para ganar o te dio ventaja?
2. ¿Cómo podrías aprender más sobre tus adversarios?

ENTRENAMIENTO — Juan 8:42-44; 1 Pedro 5:8

3. ¿Cuáles son algunas de las características de Satanás descritas en la Biblia?
4. ¿Cómo podrías obtener ventaja sobre Satanás, tu enemigo mortal?
5. ¿En qué te serviría conocer las fortalezas y debilidades de tu adversario, tanto como las tuyas, para resistir sus ataques?

JUGAR COMO NUNCA

PRECALENTAMIENTO

1. ¿Alguna vez alguien te dijo que jugaste como nunca en una competencia? Describe la experiencia de estar en el lugar y en el momento correctos.
2. ¿A qué persona influyente del mundo de los deportes imitas más a menudo? ¿Por qué?

ENTRENAMIENTO — Efesios 5:1-10

3. Pablo nos instruye a ser imitadores de Dios. ¿Qué significa imitar a alguien? ¿La imitación se parece más a hablar o a actuar como otra persona?
4. Según Pablo, ¿qué debería hacer una persona para imitar a Dios?
5. Pídele a Dios que te muestre cómo «jugar como nunca» para Cristo. Ora para poder descubrir más maneras de agradar a Dios en lugar de a ti mismo.

ESTUDIOS PARA DEPORTISTAS

COMPETICIÓN

¿ESTÁ BIEN QUE LOS CRISTIANOS COMPITAN?

PRECALENTAMIENTO

1. ¿Cuál ha sido tu mayor logro deportivo hasta hoy? ¿Implicó vencer a un oponente o alcanzar tu mejor rendimiento personal?

ENTRENAMIENTO 2 Timoteo 2:3-11

2. ¿En qué te parece que Dios es competitivo?
3. Si la competencia puede ser saludable y natural, ¿en qué momento se vuelve abusiva?
4. ¿Cómo puedes usar tu competitividad de manera adecuada fuera del campo de juego (en clase, lejos de la universidad y en otras situaciones)?
5. ¿Qué puedes hacer para agradar a Dios en el calor de la competencia?

¿CÓMO ESTÁS?

PRECALENTAMIENTO

1. ¿Alguna vez sientes miedo al pensar en tu futuro en los deportes?
2. ¿Qué te asusta más: el partido de la semana próxima o la posibilidad de una carrera en el deporte? Si no tienes intención de ser un atleta profesional, ¿qué te produce temor respecto al futuro?

ENTRENAMIENTO Isaías 41:10

3. Dios le dice a Isaías: «no temas, porque yo estoy contigo; no te angusties, porque yo soy tu Dios». ¿Cómo pueden estas palabras darte esperanza para el futuro?
4. El versículo continúa con esta promesa: «Te fortaleceré y te ayudaré; te sostendré con mi diestra victoriosa». ¿Cómo pueden estas palabras calmar tus temores sobre tu posición actual?

COMPETICIÓN

MÁS QUE UN SENTIMIENTO

PRECALENTAMIENTO

1. ¿Qué sientes cuando te diriges a una competencia? ¿Cómo pueden ayudarte tus emociones a tener un mejor desempeño? ¿Cómo pueden perjudicarte?
2. ¿Cómo controlas tus sentimientos para poder concentrarte mientras compites?

ENTRENAMIENTO — Mateo 15:18-19; Proverbios 28:26; Jeremías 17:9

3. ¿Qué características del corazón describe Jesús en Mateo? ¿Cómo pueden estos rasgos retrasarte si dependes exclusivamente de tus sentimientos?
4. ¿Qué clase de problemas podrías enfrentar si confías en tus sentimientos en lugar de confiar en la verdad de Dios? Proporciona ejemplos específicos.
5. ¿Cómo puede ayudarte a tomar mejores decisiones de vida entender la naturaleza de tu corazón?

SIN TRAMPAS

PRECALENTAMIENTO

1. ¿Alguna vez permitiste que un árbitro o juez de línea juzgara mal a tu favor?
2. ¿Alguna vez hiciste trampa en una competencia? ¿La victoria justificó tus acciones? ¿Acaso perder hizo que tus esfuerzos parecieran aun peores?

ENTRENAMIENTO — Proverbios 12:13, 17

3. Según estos versículos, lo que dices puede atraparte, si tus palabras son contrarias al propósito de Dios para tu vida. ¿Cómo podrías enredarte en tus palabras o acciones?
4. Las palabras y acciones correctas te ayudarán a evitar los problemas. ¿Necesitas confesarle algo a Dios y a los demás? De lo contrario, ¿qué harás para evitar caer en la trampa de la deshonestidad?

ESTUDIOS PARA DEPORTISTAS

COMPETICIÓN

MÁS FUERTE QUE LAS PALABRAS

PRECALENTAMIENTO

1. ¿Alguna vez ensuciaron tu buen nombre? ¿Te lo merecías? ¿Acaso alguien merece esa clase de trato?
2. ¿Cuánto cuesta limpiar una reputación manchada? ¿De qué manera tus respuestas con ataques verbales entorpecen tu esfuerzo por reconstruir tu carácter?

ENTRENAMIENTO — Salmos 119:69-70

3. ¿Qué sentía el autor de este salmo cuando escribió estas palabras?
4. Los «preceptos» que se mencionan son las verdades absolutas de Dios, registradas en la Escritura. ¿Qué sabes que sea absolutamente cierto sobre Dios?
5. ¿En qué te ayuda conocer la verdad cuando te enfrentas a un competidor poderoso y posiblemente, arrogante e indiferente?

EL MENOS FAVORITO

PRECALENTAMIENTO

1. ¿Alguna vez le ganaste a un adversario a pesar de ser tú el menos favorito? Describe la victoria o algo semejante que recuerdes.
2. Cuando asistes a un evento deportivo como espectador, ¿sueles alentar al favorito o al menos favorito?

ENTRENAMIENTO — Jueces 7:1-25

3. ¿Por qué crees que Dios le ordenó a Gedeón reducir la cantidad de hombres, y quedar terriblemente en desventaja?
4. ¿Cómo obtuvo Dios esta victoria, que se relata en Jueces?
5. ¿Cómo ha demostrado Dios Su milagroso poder en tu vida? ¿En qué áreas quizás Él te esté pidiendo que confíes en Sus fuerzas y no en las tuyas?

COMPETICIÓN

UNA Y OTRA VEZ

PRECALENTAMIENTO

1. ¿Cómo te sientes cuando un oponente se burla de ti o pone en ridículo a tu equipo?
2. Cuando otros te han ridiculizado y amenazado con humillarte en la competencia, ¿cómo han respondido tus compañeros de equipo? ¿Respondiste con burlas similares o los ignoraste?

ENTRENAMIENTO Nehemías 4:1-23

3. ¿Qué clase de oposición enfrentaba Nehemías?
4. ¿Cómo respondió a las burlas?
   ¿Cómo respondió frente a las amenazas de daño físico?
5. ¿Cómo puedes adaptar la actitud de Nehemías al abuso verbal?
   ¿Cómo puede una actitud de oración transformar tu respuesta personal frente a amenazas legítimas de fracaso?

DEJARSE GANAR

PRECALENTAMIENTO

1. Recuerda una historia, película o situación de la vida real en la cual un atleta profesional se haya dejado ganar. ¿Cuál fue tu reacción?
2. ¿Tu programa deportivo actual está diseñado para que un jugador no pueda echar a perder un partido a propósito? Si eso ocurriera, ¿cómo reaccionaría tu equipo?

ENTRENAMIENTO 2 Corintios 4:1-6

3. Si el tiempo con tu equipo es un ministerio, entonces tú podrías ser un ministro. ¿Cómo refleja tu carácter el ministerio cristiano?
4. ¿Cómo podrías estar obrando en contra del ministerio que Dios te ha dado? ¿Qué impide que reflejes la luz de Cristo?
5. Cada vez que hablas, te mueves y piensas, representas a Jesús. ¿Qué acciones inmediatas realizarás para alentar a otros a permanecer en el juego y a seguir adelante para Cristo?

ESTUDIOS PARA DEPORTISTAS

COMPETICIÓN

GIGANTES

PRECALENTAMIENTO

1. ¿En qué momentos has mostrado valentía?
2. ¿De qué maneras has visto cómo distintos jugadores demuestran audacia en los deportes?

ENTRENAMIENTO 1 Samuel 17:20-24, 31-51

3. ¿Cuáles son las características más impresionantes de la valentía de David?
4. ¿Hasta qué punto puedes identificarte con este rasgo del rey?
   ¿En qué difiere tu experiencia con la valentía?
5. ¿Qué paso debes dar para entregarle a Dios los gigantes de tu vida?

DE IGUAL A IGUAL

PRECALENTAMIENTO

1. ¿Qué sientes cuando compites contra un rival digno de ti?
   ¿Intentas ganar rápidamente o jugar parejo?
2. ¿Jugar contra un oponente digno te impulsa a mejorar o te frustra?

ENTRENAMIENTO Génesis 32:24-32

3. ¿Por qué Dios pelea con Jacob? Él es todopoderoso y omnipotente. Entonces, ¿por qué simplemente no vence a Jacob?
4. ¿Por qué Jacob quiere saber el nombre de Dios?
   ¿Por qué el Señor le cambia el nombre a Jacob y lo llama Israel?
5. ¿En qué área de tu vida estás luchando con Dios?
   ¿Estás dispuesto a permitir que Dios someta tu voluntad?

TRABAJO EN EQUIPO

Saber jugar en equipo es fundamental para el rendimiento de la mayoría de los deportistas. Cada uno de nosotros tiene que aprender a cooperar con los demás, trabajar juntos y compartir nuestras victorias y fracasos. Esto es también vitalmente importante para la vida cristiana. Nadie es una superestrella; cada uno tiene una función única y significativa en el equipo de Dios. Dedica un momento a reflexionar sobre el trabajo en equipo y sobre tu parte en el equipo, a medida que examines los siguientes estudios para deportistas.

ESFUERZO EN EQUIPO

PRECALENTAMIENTO

1. ¿Quiénes son tus mejores compañeros de equipo?
2. ¿Cuáles son los factores más importantes para trabajar juntos como equipo?

ENTRENAMIENTO Lucas 9:10-17

3. ¿Cómo se demuestra el trabajo de equipo en este pasaje?
4. ¿Cuál es la función de Jesús en el trabajo en equipo?
5. ¿Qué puedes aprender de la manera en que Jesús fomentaba el trabajo en equipo para aplicarlo en tu vida?

TRABAJO EN EQUIPO

PREOCUPARSE LO SUFICIENTE COMO PARA CONFRONTAR

PRECALENTAMIENTO

1. ¿Eres de los que confrontan o evitas la confrontación como si fuera una plaga?
2. ¿Qué es mejor: dejar que algo dañino pase inadvertido o sacarlo a la luz? ¿Cuál puede ser el beneficio de confrontarlo? ¿Cuál es el riesgo?

ENTRENAMIENTO Efesios 4:11-16

3. La familia de Dios está formada por toda clase de personas. ¿Tienes lo necesario para ser un apóstol, un profeta, un evangelista, un pastor o un maestro? De lo contrario, ¿aprecias a aquellos que cumplen estas tareas?
4. Lo sepas o no, como cristiano, Dios te ha dado talentos para ayudar a otros hermanos en Cristo. A medida que madures espiritualmente, aprenderás más sobre tus dones únicos. ¿Cómo te ha usado Dios para impactar a tus compañeros de equipo de maneras que los lleven a Cristo?
5. Una de las medidas de la madurez de un creyente es la capacidad de hablar la verdad en amor. ¿Con quién tienes que hablar para sanar una relación? ¿Estás dispuesto a confiar en que Dios traiga sanidad en lugar de división?

¿EN SERIO?

PRECALENTAMIENTO

1. ¿Qué es lo más increíble que te contó tu entrenador? ¿Fue algo dirigido a ti o a otro compañero de equipo? ¿Se trataba de algún oponente? ¿Cómo reaccionaste?
2. ¿Alguna vez un entrenador o un maestro te «abrió la mente» a alguna idea o técnica que te costaba entender? ¿Qué hizo esta persona para ayudarte?

ENTRENAMIENTO Lucas 24:36-45

3. ¿En qué circunstancias apareció Jesús? ¿Por qué son significativas Sus palabras?
4. ¿En qué área de tu vida quisieras que se abra tu entendimiento, para poder ver las cosas como son en verdad? ¿Cómo podría esta nueva comprensión de la realidad impactar la relación con tus compañeros de equipo?

TRABAJO EN EQUIPO

¿QUIÉN TE CUBRE?

PRECALENTAMIENTO

1. ¿A cuál de tus compañeros de equipo consideras el más leal? ¿Quién te es más leal a ti?
2. ¿Cómo se demuestra la lealtad dentro y fuera del campo de juego?

ENTRENAMIENTO Rut 1:11-18

3. ¿Cómo le demostró Rut lealtad a su suegra Noemí?
4. Entre tus compañeros y entrenadores, ¿hay esta clase de lealtad? ¿Qué factores contribuyen a la abundancia o la falta de lealtad?
5. ¿Qué puedes hacer para ayudar a desarrollar una mayor lealtad en tu equipo?

VALE LA PENA ARRIESGARSE

PRECALENTAMIENTO

1. ¿Alguna vez tuviste un compañero de equipo o un amigo con quien eras tan cercano que parecía que era un miembro de tu familia? ¿Qué hacía que esa relación fuera tan especial?
2. ¿Qué clase de sacrificios hacían el uno por el otro?

ENTRENAMIENTO 1 Samuel 20:1-17

3. ¿Cómo afectó esta amistad a David y a Jonatán? ¿Qué arriesgó Jonatán por David?
4. ¿En qué sentido Jesús ha sido esta clase de amigo para ti? ¿Qué riesgos estás dispuesto a correr o qué sacrificios harías por Él?

TRABAJO EN EQUIPO

OBSTACULIZAR EL EQUIPO

PRECALENTAMIENTO

1. ¿Cómo puede el error de un compañero de equipo afectar el resultado de un partido?
2. ¿Alguna vez cometiste un error que haya tenido un impacto negativo sobre otra persona? ¿Recuerdas alguna vez en la que el error de otro te haya afectado a ti?

ENTRENAMIENTO   Jonás 1:1-15

3. ¿Cuál fue el pecado de Jonás? ¿Cómo afectó su pecado las vidas de personas inocentes?
4. ¿Qué ejemplo reciente muestra la manera en que el pecado de una persona tuvo consecuencias graves para los demás?
5. ¿Cómo podría la historia de Jonás darte la fortaleza que necesitas para resistir la tentación?

DE VUELTA AL RUEDO

PRECALENTAMIENTO

1. ¿Algún compañero de equipo te ofendió o te hirió? ¿Cómo respondiste?
2. Cuando surge una riña o desacuerdo entre los miembros de un equipo, ¿cómo se ve afectada la práctica o el partido? ¿Cómo se recupera el equipo?

ENTRENAMIENTO   Génesis 45:1-14

3. ¿Qué le habían hecho a José sus hermanos?
4. Si hubieras estado en su lugar, ¿cómo habrías respondido?
5. ¿Cómo pueden la actitud y las acciones de José ayudarte a traer reconciliación a tu equipo, que puede estar temeroso, fragmentado o desalentado? ¿Cómo puedes ayudar a un compañero de equipo que se siente derrotado?

TRABAJO EN EQUIPO

SIMPLEMENTE, HAZLO

PRECALENTAMIENTO

1. ¿Te resulta más natural escuchar o hablar?
   ¿Eres mejor para hacer o para observar?
2. ¿Cuál es tu definición de hipócrita?
   ¿Conoces a alguien que cumpla con esa descripción?

ENTRENAMIENTO — Santiago 1:22

3. El tema de Santiago puede resumirse en una sola palabra: HACER. El mensaje de Santiago es que la fe sin obras está muerta. ¿Cómo pones en práctica tu fe?
4. Los compañeros de equipo y los amigos siempre te están mirando. ¿Qué te ayudará a ajustar tus acciones a lo que sabes que es verdad?
5. ¿Qué necesitas para transformarte en una persona más auténtica?

PERDONAR Y OLVIDAR

PRECALENTAMIENTO

1. ¿Alguna vez te sentiste traicionado o lastimado por un compañero o entrenador? ¿Cuánto te costó perdonarlo? ¿Cómo afectaron sus acciones tu capacidad de volver a confiar en alguien?

ENTRENAMIENTO — Lucas 15:11-32

2. En la parábola, ¿cómo lastimó el hijo menor a su familia? (ver versículos 12-13)
3. ¿Cuál fue la respuesta del padre cuando su hijo finalmente regresó al hogar? (ver versículos 22-24) ¿Cómo reaccionó el hermano mayor ante la manera en que su padre manejó la situación? (ver versículos 28-30)
4. ¿Cuál de estas respuestas refleja la actitud perdonadora de Dios? Si adoptaras la actitud del padre, ¿cómo cambiaría la manera en que respondes a quienes te traicionan o lastiman?

TRABAJO EN EQUIPO

¿BESAR A QUIÉN?

PRECALENTAMIENTO

1. ¿Qué se considera como expresión adecuada de aprecio dentro y fuera del campo de juego?
2. Tu sexo y tu personalidad juegan un papel importante en la manera en que demuestras amistad y afecto a los demás. ¿Te sientes cómodo compartiendo abiertamente las victorias y desilusiones con los miembros de tu equipo?

ENTRENAMIENTO 1 Tesalonicenses 5:23-28

3. Cuando Pablo le escribió a su equipo en Tesalónica, le instruyó que se apartaran para hacer la obra de Dios. ¿Qué función puedes cumplir para ayudar a tu equipo a ser todo lo que Dios desea?
4. Un equipo pleno está conformado por personas íntegras. Pablo habló sobre el espíritu, el alma y el cuerpo de los tesalonicenses. Si una parte de la persona sufre, ¿cómo puede afectar a las demás?
5. No hace falta que saludes a todos tus compañeros de equipo con la práctica bíblica del beso santo. ¿Pero cómo puedes demostrar tu amor y tu apoyo por los demás, en especial, como hijo de Dios?

LA CARGA COMPARTIDA

PRECALENTAMIENTO

1. ¿Alguna vez tuviste que suplantar a un compañero de equipo que se lesionó o que no estaba jugando bien? ¿En algún momento tuviste que depender de un compañero para que te echara una mano?
2. ¿Cuán valiosos son los buenos amigos y compañeros de equipo en las malas?

ENTRENAMIENTO Eclesiastés 4:9-12; Gálatas 6:2

3. ¿Qué nos enseña Eclesiastés sobre el valor de los amigos?
4. ¿Cuáles son algunas situaciones en que podrías echarle una mano a alguien?
5. ¿Cómo afecta Gálatas 6:2 tu visión de la responsabilidad que tienes de ayudar al prójimo?

TRABAJO EN EQUIPO

LOS RUMORES

PRECALENTAMIENTO

1. ¿Alguna vez fuiste parte de un equipo donde circulaban rumores? ¿Alguna vez los rumores eran sobre ti o te sentiste tentado a comenzar o hacer trascender un rumor?
2. ¿Cómo afectan los rumores y los chismes la química de un equipo? ¿Cómo afectan la confianza y el rendimiento individual?

ENTRENAMIENTO   Proverbios 11:12-13; 16:28; 19:5; 21:23

3. Según Proverbios 16:28, ¿cuáles son algunos de los peligros a largo plazo de involucrarse con rumores?
4. Según Proverbios 19:5, ¿qué clases de castigos podrían esperarle al chismoso? ¿En qué te ayudará cuidar tus palabras (ver Proverbios 21:23) para no meterte en problemas?
5. ¿Qué cualidades de carácter pueden ayudar a una persona a resistir la tentación de echar a circular rumores?

NADIE QUEDA ATRÁS

PRECALENTAMIENTO

1. ¿Qué sucedería si tu equipo perdiera un solo miembro?
   ¿Hay alguien en tu equipo que sea prescindible?
   ¿Hay alguien que sea completamente irremplazable?
2. ¿Qué le sucede al rendimiento de un equipo si un jugador siente que no tiene valor?
3. ¿Cómo mantienen el espíritu de equipo y lealtad con tus compañeros? ¿Cómo alientan a todos los miembros del equipo a sentirse valiosos?

ENTRENAMIENTO   Efesios 4:1-6

4. Según estos versículos, ¿cómo puedes mantener la unidad en Cristo? ¿Por qué la clase de unidad que enseñó Jesús es tan importante?
5. ¿Cómo demuestras humildad, amabilidad, paciencia y aceptación?

TRABAJO EN EQUIPO

REMAR JUNTOS

PRECALENTAMIENTO

1. ¿Alguna vez formaste parte de un equipo donde los jugadores no se llevaban bien? ¿Cuál era el efecto en su rendimiento como equipo? ¿Cómo impactaba tu desempeño personal?
2. ¿Qué haces para intentar resolver conflictos en tu equipo?

ENTRENAMIENTO   Santiago 4:1-12

3. ¿Qué hace que los cristianos se peleen con otros cristianos? Según Santiago, ¿cuáles son los resultados de estos conflictos?
4. ¿Qué actitud deberían tener los cristianos hacia otros hermanos en Cristo?
5. ¿A quiénes tienes que tratar de otra manera en tu vida? ¿Estás dispuesto a dar el primer paso hacia la reconciliación?

IMPULSORES

PRECALENTAMIENTO

1. ¿Quién te apoya más?
   ◯ Compañeros de equipo   ◯ Entrenadores   ◯ Fanáticos   ◯ Padres
2. ¿Cómo afecta el apoyo recibido la manera en que juegas a tu deporte?

ENTRENAMIENTO   Juan 4:7-24

3. ¿Por qué los judíos no les hablaban a los samaritanos? ¿Hay algún grupo en tu escuela al que los demás no le hablen? ¿Hay algún grupo que tu equipo ignore, evite, difame o se niegue a ofrecer apoyo?
4. ¿Crees que la mujer entendió lo que quiso decir Jesús en los versículos 13-14? ¿Qué clase de apoyo le ofreció el Señor?
5. ¿Cómo podía la adoración a Dios satisfacer las necesidades de esta mujer? ¿Cómo puede ser transformado tu equipo si pones a Dios primero y lo adoras, en lugar de exaltar un deporte, un partido, un campeonato o una beca deportiva?

ENTRENAMIENTO

Cualquier deporte requiere tiempo y entrenamiento. Un atleta debe entrenar para aprender las reglas y habilidades básicas de un deporte, y enseñarle al cuerpo a adaptarse a nuevos movimientos y capacidades. Lo mismo sucede con la vida cristiana. Necesitamos dominar los aspectos básicos y enseñarles a nuestro cuerpo, mente y espíritu a pensar y actuar de nuevas maneras, para que podamos vivir y competir como Jesús desea que lo haga Su equipo.

¿CEDER O RENDIRSE?

PRECALENTAMIENTO

1. ¿Por qué una persona se da por vencida? ¿Amar lo que uno hace tiene algo que ver?
2. ¿Alguna vez perdiste la pasión por algo? ¿Cómo afectó esto tu actitud y tus relaciones?

ENTRENAMIENTO
Proverbios 11:24-25

3. Proverbios es un libro de sabiduría. ¿Qué tiene de sabio seguir el ejemplo de «la sana doctrina»?
4. ¿Cómo puedes entregar tu vida con generosidad?
5. Al final del día, ¿estás satisfecho con lo que has dado, o tienes una sensación de vacío, porque has cedido a tus deseos egoístas? Cede a la voluntad de Dios para tu vida.

ENTRENAMIENTO

UMBRAL DEL DOLOR

PRECALENTAMIENTO

1. ¿Cuál es el peor dolor que experimentaste al entrenar o competir? ¿Cuál fue tu reacción inicial? ¿Aprendiste algo de esta experiencia?
2. Como atleta, ¿una herida o sufrimiento físico puede tener algún tipo de beneficio? Si así es, ¿cuál sería?

ENTRENAMIENTO   Romanos 5:1-5; Santiago 1:2-4

3. ¿En qué sentido Pablo y Santiago, los autores de estos pasajes, contraponen la naturaleza humana al sufrimiento? (Ver Romanos 5:3 y Santiago 1:2).
4. Según estos dos autores, ¿qué beneficios tiene el sufrimiento para la causa de Cristo?
5. ¿Cómo puede cambiar tu perspectiva de las pruebas pasadas, presentes y futuras al entender la visión bíblica del dolor y el sufrimiento?

ACTITUD CONFIADA

PRECALENTAMIENTO

1. Describe una ocasión en que quisiste cambiar tu posición en el equipo. ¿Cómo se lo planteaste a tu entrenador? ¿Estabas ansioso?
2. ¿Cómo respondió tu entrenador? ¿Te sirvió la experiencia para cambiar la manera en que plantearías tus deseos o preocupaciones en el futuro? ¿Cómo?

ENTRENAMIENTO   Lucas 11:1-13

3. ¿Cuáles son algunos elementos claves de la oración que Jesús enseñó a Sus discípulos? (ver versículos 2-4)
4. En la historia que Jesús relata en los versículos 5-8, ¿qué principios de la oración revela?
5. ¿Cómo cambia la promesa en los versículos 9-10 tu manera de concebir tu comunicación con Dios? ¿Cómo afecta la manera en que percibes tus necesidades físicas y espirituales?

ENTRENAMIENTO

OBSERVA Y APRENDE

PRECALENTAMIENTO

1. ¿Alguna vez viste un video de una competencia donde jugaste, o entrenaste frente a un espejo? ¿Cómo te ayudaron estas imágenes a mejorar tu técnica?
2. Después de ver tu propio método, ¿cuánto tiempo te lleva volver a un desempeño pobre? ¿Cuántas veces necesitas verte (las debilidades y las áreas en donde necesitas crecer) antes de empezar a experimentar un verdadero cambio?

ENTRENAMIENTO Santiago 1:19-27

3. ¿En qué se parece la Palabra de Dios a un espejo o video de entrenamiento?
4. ¿Qué pasos son necesarios para mejorar tu «técnica» espiritual?
¿Qué ayudas prácticas proporciona Santiago para mejorar nuestra técnica espiritual?

PURO ENTUSIASMO

PRECALENTAMIENTO

1. ¿Cuándo fue la última vez en que tú y tus compañeros de equipo salieron a jugar entusiasmadísimos? ¿Qué hicieron, o qué sucedió, para enardecerlos como equipo?
2. ¿Cómo te preparó este entusiasmo para la competencia?
Al final, ¿cómo terminaron las cosas?

ENTRENAMIENTO Efesios 6:10-18

3. Según estos versículos, ¿cuál es la verdadera batalla que peleamos?
4. ¿Por qué la verdad se describe como un cinturón?
¿Por qué la justicia se coloca sobre el pecho?
5. ¿Cómo puede la fe utilizarse como eficaz escudo defensivo?
6. ¿Por qué la Palabra de Dios es la única arma ofensiva?
¿Cómo puede utilizarse la Palabra de manera ofensiva?

ENTRENAMIENTO

CONVICCIÓN AUDAZ

PRECALENTAMIENTO

1. ¿Alguna vez experimentaste una derrota debido a falta de confianza en ti mismo?
2. Antes de competir, ¿qué haces para aumentar tu seguridad?

ENTRENAMIENTO Números 13:26-33

3. Josué envió doce espías a la tierra a explorarla antes de atacar para conquistarla. ¿Por qué lo hizo? ¿Por qué a diez de ellos les faltó confianza, mientras que dos estaban bien seguros?
4. ¿Qué relación hay entre la falta de confianza y una buena preparación?
5. ¿De dónde proviene tu confianza? ¿Es una verdadera seguridad?

LA ÉTICA EN EL ÁREA DEPORTIVA

PRECALENTAMIENTO

1. ¿Qué parte juega tu ética de trabajo en tu desempeño? ¿Y cuando compites?
2. ¿A quién conoces que tenga una excelente ética de trabajo? ¿Cómo se refleja esto en su enfoque deportivo?

ENTRENAMIENTO Proverbios 10:4; 12:2; 14:2; 22:29

3. ¿Qué proverbio ilustra mejor tu convicción personal respecto al trabajo esforzado?
4. En un sentido práctico, ¿cómo puede ser éste un factor importante para triunfar en la competencia?
5. ¿Cómo puedes alentar a otros a crear una ética de trabajo sólida en su deporte?

ENTRENAMIENTO

REPETICIONES CORTAS

PRECALENTAMIENTO

1. ¿Cuál es la parte más importante del entrenamiento: los estiramientos, las carreras de velocidad, el levantamiento de pesas o alguna otra área?
2. ¿Cuál es tu objetivo personal de entrenamiento? ¿Por qué te resulta más importante que otros?

ENTRENAMIENTO Juan 15:17; 1 Tesalonicenses 5:16-17

3. El pasaje breve pero significativo de la Escritura, «Jesús lloró» (Juan 11:35), revela mucho sobre Jesús. ¿Qué revelan los pasajes breves que lees sobre el deseo de Dios para tu conducta?
4. Estar en constante conversación con Dios no requiere que cierres los ojos. ¿Cómo puedes mantener a Dios en el centro de tu entrenamiento?
5. Tampoco es fácil estar animando todo el tiempo o amar a todos los compañeros y los rivales. Pídele a Dios que te ayude a priorizar estas cuestiones cuando entrenes.

VICTORIA ABSOLUTA

PRECALENTAMIENTO

1. ¿Alguna vez fuiste parte de una victoria dramática y decisiva? ¿Qué sentiste?
2. ¿Qué factores afectaron este triunfo? ¿Cuál fue tu parte?

ENTRENAMIENTO Romanos 8:31-39

3. ¿Qué trae victoria en la vida cristiana? ¿Cómo la podemos alcanzar?
4. ¿En qué áreas de tu vida puedes alcanzar una victoria completa? ¿Cómo puedes estar seguro de obtener una verdadera victoria espiritual en Cristo?

ENTRENAMIENTO

ESFORZARSE AL LÍMITE

PRECALENTAMIENTO

1. ¿Cuándo obligaste a tu cuerpo a hacer algo que no podía en el deporte? ¿Cuál fue el resultado?
2. ¿Cuál es la mayor debilidad con la que luchas en el deporte que juegas?
3. ¿Qué haces para entrenar a tu cuerpo a esforzarse más allá de tu limitación?

ENTRENAMIENTO Romanos 7:7-28

4. ¿De qué debilidades habla Pablo en su carta a los romanos? ¿Puedes identificarte con esto?
5. ¿Qué presenta Pablo como respuesta a estas limitaciones? ¿Qué debes hacer para ir más allá de tus debilidades espirituales?

TÓMATE UN RESPIRO

PRECALENTAMIENTO

1. ¿Cómo te das cuenta de que estás entrenando demasiado intensamente? ¿Qué beneficios físicos, mentales y psicológicos se derivan de un descanso de las prácticas y el entrenamiento?

ENTRENAMIENTO Éxodo 18:13-23

2. ¿Qué observó el suegro de Moisés, Jetro? (ver versículos 15, 17-18) ¿Qué le aconsejó para aliviar en parte su estrés? (ver versículos 19-23)
3. Describe una ocasión en que, como Moisés, te sentiste agotado porque venías trabajando en exceso o intentando abarcar demasiado. ¿Cómo afectó eso tu rendimiento?
4. ¿Cómo puede ayudarte el consejo de Jetro a evitar el agotamiento en tu caminar y trabajo para Dios? ¿Qué otras cosas podrías hacer para evitar el desgaste espiritual y emocional?

ENTRENAMIENTO

NO LLEGUES TARDE

PRECALENTAMIENTO

1. Todos tenemos momentos en los que no tenemos ganas de esforzarnos. Describe alguna vez en la que hayas pospuesto tu entrenamiento. ¿Qué impacto tuvo tu decisión sobre tu rendimiento?
2. ¿Qué beneficios físicos tiene mantener una rutina de entrenamiento? ¿Cómo puede ayudarte a tener una ventaja competitiva y una actitud ganadora?

ENTRENAMIENTO Mateo 25:1-13

3. ¿Cuáles son algunas de las características que describen a las jóvenes prudentes de la parábola? ¿Y a las insensatas?
4. ¿Qué les costó su demora a las jóvenes insensatas (v. 10)? ¿Qué verdad espiritual nos enseña Jesús mediante esta parábola?
5. ¿Cómo te desafía la advertencia de Jesús en el versículo 13 a evitar la dilatación de las cuestiones espirituales? ¿Cómo puede cambiar tu manera de abordar todas las áreas de tu vida si tomas el consejo de Jesús?

ENTRENAMIENTO LIBRE DE PROBLEMAS

PRECALENTAMIENTO

1. ¿Alguna vez te preocupa desgarrarte un músculo mientras entrenas? ¿Cómo evitas las lesiones?
2. ¿Entrenas con la misma intensidad que cuando juegas un partido?

ENTRENAMIENTO Juan 14:1-3

3. Este pasaje suele usarse en los funerales y los servicios conmemorativos. ¿Qué consuelo te proporciona al pensar en la vida cotidiana?
4. ¿Cómo te ayudan tu convicción en Dios y el poder salvador de Jesús a concentrarte en lo que es más importante?
5. Dios te está preparando ahora para un gran servicio hasta que llegues al lugar en la casa del Padre que te tiene preparado. ¿Cómo invertirás tu vida?

ESTUDIOS PARA DEPORTISTAS

ENTRENAMIENTO

VIDA SOBRIA

PRECALENTAMIENTO

1. ¿Qué características de tu habilidad deportiva consideras excelentes? ¿Qué partes te parecen desastrosas?
2. ¿Alguna vez te sentiste una superestrella? ¿Alguna vez sentiste que lo único que hacías era calentar un banco?

ENTRENAMIENTO Romanos 12:3

3. ¿Qué significa pensar de uno mismo con moderación? ¿Conoces a alguien que lo haga realmente? ¿Y tú? ¿Pasarías la prueba de moderación?
4. ¿Cómo pueden las palabras de este versículo afectar tu manera de entrenar, jugar y competir? Si intentas vivir según estas palabras, ¿cómo interactuarías con tus compañeros de equipo y tus oponentes?

SACRIFICIO CON GUSTO

PRECALENTAMIENTO

1. Describe una ocasión en que tuviste que poner a un lado algunos de tus deseos personales para obtener una recompensar mayor. ¿Qué hiciste para mantenerte focalizado en esa meta de más largo plazo?

ENTRENAMIENTO Mateo 16:24-27

2. ¿Por qué te parece que nos resulta tan difícil seguir el consejo de Jesús en el versículo 24? ¿Qué verdad espiritual crees que nos revela en el versículo 25?
3. ¿De qué formas el versículo 26 te recuerda la actitud ante la vida de mucha gente exitosa, incluyendo a los deportistas profesionales, también? ¿Cuáles son algunos ejemplos de este principio?
4. ¿De qué modo la verdad del versículo 27 podría motivarte a renunciar a tus deseos egocéntricos y tergiversados, para tomar tu cruz y seguir a Jesús?

DESEMPEÑO

Cualquier atleta sabe que todo el entrenamiento y la práctica del mundo solo sirven si se tiene un buen rendimiento en la competencia. Poner el entrenamiento en práctica es el objetivo principal del deportista. Lo mismo sucede en nuestro caminar con Jesús. Todo el estudio y la predicación que podamos hacer no valen a menos que tomemos estas verdades y las pongamos en práctica en la vida cotidiana. Concéntrate en estos estudios sobre cómo desempeñarte dentro y fuera del campo de juego para la gloria de Dios.

UNA TEMPORADA PERDEDORA

PRECALENTAMIENTO

1. ¿Cuándo fue la última vez que tu equipo tuvo una temporada victoriosa? ¿Y una temporada de derrotas? ¿Cuál recuerdas mejor?
2. ¿Qué se puede aprender cuando se pierde?

ENTRENAMIENTO

2 Corintios 4:8-18

3. Coloca una marca de verificación junto a las palabras que describan cómo te sientes en las temporadas perdedoras de la vida.
   - ○ Presionado
   - ○ Perseguido
   - ○ Aplastado
   - ○ Abandonado
   - ○ Perplejo
   - ○ Golpeado
   - ○ Desesperado
   - ○ Destruido
4. ¿Cómo te ayudan estos versículos a superar la adversidad?
5. ¿Cómo te proporciona esperanza tu identidad en Cristo en medio de las situaciones irremediables?

DESEMPEÑO

TÚ PUEDES

PRECALENTAMIENTO

1. ¿Quién es el miembro más alentador de tu equipo? ¿Quién es el más desmoralizador?
2. ¿Alguna vez sentiste el impacto de las palabras negativas sobre tu propio desempeño? ¿Qué resultados notorios experimentaste?

ENTRENAMIENTO — Santiago 3:1-12

3. ¿Por qué Santiago usa las analogías de un barco y un caballo? ¿Qué lección podemos sacar de estos dos ejemplos?
4. ¿Sueles alentar o desalentar a los demás con tus palabras? ¿Qué dirás esta semana que le dé gloria a Dios?

PARA LA GLORIA DE DIOS

PRECALENTAMIENTO

1. Cuando tú o tu equipo ganan un campeonato, ¿quién recibe la gloria y el reconocimiento?
2. ¿Cuáles son algunas cosas que, si bien se permiten en tu equipo, en realidad no benefician a todos sus integrantes?

ENTRENAMIENTO — 1 Corintios 10:23–11:1

3. ¿A qué cosas Pablo calificaría como «permitidas» pero «no constructivas»? ¿Qué cosas «permitidas» haces que podrían ir contra de la conciencia de otra persona?
4. ¿Cómo sería nuestra vida si nos comprometiéramos a hacer todo para la gloria de Dios, en todas las áreas de nuestra vida?

DESEMPEÑO

ORIENTADO A OBJETIVOS

PRECALENTAMIENTO

1. ¿Qué objetivo deportivo te ha costado más alcanzar?
2. ¿A qué has tenido que renunciar para lograr un objetivo? ¿Qué recompensas recibiste (o recibirás) al alcanzarlo?

ENTRENAMIENTO — Filipenses 3:12-21

3. ¿Cuál era el objetivo de Pablo? ¿Qué le costó? ¿Qué recibió a cambio?
4. ¿Cuál es la meta más importante de tu vida en este momento? ¿Qué harás para alcanzarla?

RESPONSABILIDAD PERSONAL

PRECALENTAMIENTO

1. ¿Qué aspecto de tu participación deportiva requiere la mayor cantidad de control físico?
2. ¿Has podido disciplinarte en esta área de control? ¿Cómo?

ENTRENAMIENTO — 1 Tesalonicenses 4:1-8

3. ¿De qué maneras específicas nos llama Pablo a controlar nuestro cuerpo?
4. ¿Qué razones da Pablo para el dominio propio?
5. La inmoralidad sexual no es solo física. También es mental y espiritual. ¿Qué decisiones tomarás para controlar tus pensamientos, actitudes y acciones esta semana?

DESEMPEÑO

BANCO DE SUPLENTES

PRECALENTAMIENTO

1. ¿Alguna vez pasaste todo un partido sentado en el banco de suplentes? ¿Qué sentiste la primera vez que te llamaron a jugar de titular?
2. Mientras esperas que te convoquen a jugar, ¿en qué piensas? ¿Qué haces para estar listo tan pronto te llamen?

ENTRENAMIENTO — 1 Samuel 3:1-21

3. Samuel quizás tenía apenas doce años cuando el Señor lo llamó. ¿Cómo demostró su voluntad de responder al llamado de Dios? ¿Cómo continuó, mientras crecía, estando siempre listo a responder al llamado de Dios?
4. ¿Cómo puedes prepararte para lo que sea que Dios te llame a ser o hacer esta semana?

¡TIEMPO!

PRECALENTAMIENTO

1. Da un ejemplo reciente de un partido en que tu equipo necesitó pedir tiempo. ¿Cómo ayudó el tiempo muerto al rendimiento del equipo?

ENTRENAMIENTO — Proverbios 18:13; Efesios 5:17

2. ¿Qué situaciones de la vida diaria podrían requerir que pidieras tiempo? Describe una ocasión en que tuviste que pensar dos veces antes de intervenir o hablar.
3. ¿Qué clase de «desgracia» les espera a los que caen en la trampa de hablar sin pensar? (ver Proverbios 18:13) ¿Qué instrucciones dio Pablo a los efesios para evitar esos peligros?
4. Si siguieras el consejo de Pablo en Efesios 5:17, ¿estarías en condición de tomar mejores decisiones? ¿De qué manera?

DESEMPEÑO

NO TODO ES SOBRE TI

PRECALENTAMIENTO

1. ¿Te sientes presionado a ser mejor o tu desempeño te hace sentir seguro y confiado?
2. ¿Competirías si tu familia no te apoyara?
¿Y si tus amigos nunca te vieran competir?

ENTRENAMIENTO Efesios 2:8-10

3. ¿Cómo le describirías la gracia a una persona a quien solo la motiva su propio desempeño?
4. ¿Qué te motiva a dar lo mejor de ti?
¿Cuáles son los peligros y las recompensas de esta clase de impulso?
5. Dios hace lo que tú no puedes hacer por tu cuenta.
¿Cómo te bendijo Dios cuando no merecías nada?

LIBRE DE LESIONES

PRECALENTAMIENTO

1. ¿Alguna vez te lesionaste mientras entrenabas o competías? ¿Es más probable que un competidor sufra una lesión mientras entrena o compite?
2. ¿Cuál es la clave para tener una temporada libre de lesiones?
¿Cuál es la probabilidad de tener una carrera sin lesionarte nunca?

ENTRENAMIENTO Isaías 58:11

3. ¿Qué promesa encontramos en este versículo? Exprésala en tus propias palabras.
4. ¿Cómo te ha guiado el Señor «continuamente» en festejos y desilusiones?
5. ¿Qué acciones puedes tomar en oración para evitar estar insatisfecho con la provisión y la protección de Dios?

DESEMPEÑO

APRENDER A DAR

PRECALENTAMIENTO

1. ¿Alguna vez jugaste con un compañero de equipo egoísta; alguien que siempre quería ser la estrella? Si así fue, ¿cómo afectó la manera en que los otros miembros veían su función en el equipo?
2. ¿Alguna vez quitaste la atención de ti mismo para destacar a un compañero de equipo? ¿Qué sentiste al darle a otra persona la oportunidad de brillar?

ENTRENAMIENTO Proverbios 11:24-25; Lucas 6:30

3. Según Jesús, ¿hacia quién debemos tener una actitud dadivosa? ¿En qué difiere esto de lo que el mundo promueve?
4. La Escritura señala que dar tiene sus beneficios. ¿Qué función tienen que desempeñar estos beneficios prometidos en tus acciones para ser generoso?
5. ¿Qué puedes hacer específicamente para ser cada vez más dadivoso?

NADA DE ATAJOS

PRECALENTAMIENTO

1. ¿Cuál es el sacrificio más grande que hiciste para jugar a tu deporte o servir a tu equipo?
2. ¿Te parece que es más importante sacrificar todo por tu equipo que hacer lo que el entrenador dice?

ENTRENAMIENTO 1 Samuel 15:1-23

3. ¿Qué orden había recibido Saúl? ¿Qué hizo en realidad?
4. ¿Cuál fue la lógica de Saúl para no obedecer al pie de la letra lo que Dios le había mandado?
5. ¿Qué te motiva a tomar atajos en tu entrenamiento? ¿Cómo deberías responder a las instrucciones divinas?

DESEMPEÑO

JUGADOR PRIORITARIO

PRECALENTAMIENTO

1. ¿Te sientes seguro en tu posición? ¿Sobre qué se apoya tu valor personal?
2. ¿Qué necesitarías para transformarte en el número uno? ¿Estás dispuesto a hacerlo a pesar del costo para ti y para los demás?

ENTRENAMIENTO 1 Corintios 6:19-20

3. Estos versículos suelen usarse para recordarnos que no abusemos de nuestro cuerpo, sino que lo mantengamos puro como Dios ha mandado. Tenemos que vivir de esta manera. ¿Cómo se relaciona este pasaje con las prioridades?
4. ¿Qué relación hay entre la manera en que tratas tu cuerpo y la importancia que tienes para Dios?
5. Dios te compró y pagó el precio con Su Hijo. ¿Cómo honrarás a Dios con tu cuerpo y serás Su jugador estrella al vivir para Cristo?

EL ESTÁNDAR DE ORO

PRECALENTAMIENTO

1. Eric Liddell, un cristiano devoto que vivió durante la primera mitad del último siglo, abandonó la posibilidad de ganar el oro olímpico porque no quiso competir el día de reposo. ¿Alguna vez te encontraste frente a una decisión entre honrar a Dios y honrar tu deporte?
2. ¿Qué habrías hecho si hubieras estado en el lugar de Eric Liddell? ¿Te dejarías cegar por el brillo de la medalla de oro y no verías tus convicciones?

ENTRENAMIENTO Daniel 3:1-10

3. Sadrac y sus amigos eran oficiales de gobierno exitosos. ¿Qué sugiere su posición respecto a su carácter y ética de trabajo?
4. ¿Por qué estos jóvenes se negaron a obedecer al rey en esta cuestión de la ley? ¿Pensarías otra cosa de su decisión si hubieran muerto en el horno de fuego?
5. ¿En qué área de tu vida puede estar llamándote Dios a obedecerlo por encima de todo lo demás?

DESEMPEÑO

ESTE ÚNICO DESEO

PRECALENTAMIENTO

1. ¿Qué deseas ahora más que cualquier otra cosa en el mundo? Si pudieras obtener lo que más quieres, ¿en qué cambiaría tu vida?
2. Si nunca recibieras lo que más quieres, ¿podrías sobrevivir? ¿Tu vida y tu futuro dependen verdaderamente de que se cumpla este deseo en particular?

ENTRENAMIENTO — Salmos 37:4

3. Dios te concederá los deseos de tu corazón... si te deleitas en Él. ¿Cómo nos deleitamos en el Señor?
4. Cuanto más disfrutas de Dios, más te acercas a ver el cumplimiento de tus deseos. Empiezas a desear lo mismo que Dios quiere para ti. ¿Cómo está transformando el Señor lo que deseas en lo que Él quiere para ti?
5. Incluso si las cosas no te están saliendo bien, puedes dar gracias y disfrutar de lo que Dios te ha proporcionado. ¿Estás dispuesto a confiar en que te dará lo mejor para ti? ¿Cómo puedes honrarlo mientras esperas?

FLEXIBILIDAD

PRECALENTAMIENTO

1. ¿La obstinación de alguien alguna vez le causó problemas a tu equipo? ¿Cuándo tu tozudez fue un problema?
2. ¿Qué hace que una persona sea obstinada? ¿Qué te motiva a ser inflexible?

ENTRENAMIENTO — Éxodo 7:14-24; 12:28-30

3. ¿Qué motivó al Faraón a ser tan inamovible?
4. ¿Qué efecto tuvo su corazón obstinado sobre Egipto? ¿Cómo habrían cambiado las cosas para toda la nación si el Faraón no hubiera sido tan terco?
5. ¿En qué se diferencia la actitud de los israelitas de la del Faraón? ¿De qué manera específica debes parecerte más a los israelitas y menos al Faraón esta semana?

PLAN DE JUEGO

Ningún emprendimiento deportivo está completo sin un plan de juego detallado... ¡y elaborado con mucha anticipación al partido!
Lo mismo sucede con nuestro caminar de fe. Es importante que cada uno de nosotros sepa de antemano lo que hará cuando se enfrente a las tentaciones o las pruebas. Esta sección trata este tema, y te ayuda a saber qué hacer si estás en medio de un gran partido o en una salida nocturna con tus amigos.

LLAMADA DE ATENCIÓN

PRECALENTAMIENTO

1. Como deportista, ¿qué cosas podrían advertirte de eventuales peligros? ¿Qué puede suceder si decides ignorar esas advertencias? ¿Cuáles son los beneficios de las «llamadas de atención» en tu vida?
2. En algún momento de la vida, todos hemos tomado el camino equivocado. Describe una ocasión en que una situación negativa te ayudó a darte cuenta de que ibas en dirección equivocada.

ENTRENAMIENTO
Hechos 9:1-18; Proverbios 29:1

3. En Hechos 9, ¿qué hacía Saulo que no agradaba a Dios? ¿Qué «llamada de atención» extraordinaria recibió? ¿Qué efecto milagroso se operó en él?
4. Según Proverbios 29:1, ¿qué le pasará a la persona que hace caso omiso a las advertencias de Dios? ¿Cómo te anima este principio a mantenerte en el camino recto?
5. ¿Cuáles son algunas cosas que deberías hacer para evitar la necesidad de una «llamada de atención» espiritual?

PLAN DE JUEGO

CORRER RIESGOS

PRECALENTAMIENTO

1. ¿Cuál es el riesgo más grande que tomaste alguna vez en el deporte?
2. ¿Quién fue un deportista que se sacrificó mucho por su equipo?

ENTRENAMIENTO Ester 4:1-17

3. ¿Qué peligro enfrentaba Ester? ¿Qué peligro enfrentaban los judíos?
4. Si Ester hubiera optado por el camino más cómodo y seguro, ¿cómo habría evitado el peligro? ¿Qué habría sucedido si ella hubiera elegido la seguridad?
5. ¿Arriesgarías tu vida por Cristo y por la gente que Él ama? ¿Te está llamando el Señor a asumir algunos riesgos por Su reino esta semana?

HOMBRE SABIO

PRECALENTAMIENTO

1. ¿Qué te parece que es más importante: los buenos jugadores o un buen plan de juego? ¿Por qué?
2. Si Dios fuera a responder un solo pedido, ¿cuál sería?

ENTRENAMIENTO 1 Reyes 3:4-14

3. ¿Por qué Salomón le pidió a Dios sabiduría?
4. ¿Por qué te parece que el Señor no solo le dio sabiduría, sino también riquezas y honor?
5. ¿En qué área necesitas más sabiduría en este momento?
   Pídele a Dios que te dé sabiduría, y Él lo hará.

PLAN DE JUEGO

SUFICIENTE CHARLA

PRECALENTAMIENTO

1. ¿Cuán eficaces son las charlas previas al partido para tu equipo? ¿Qué palabras te han quedado en la mente?
2. ¿Qué te gusta escuchar de parte de tu entrenador y tus compañeros de equipo? ¿Qué preferirías que no se dijera en los vestuarios?

ENTRENAMIENTO — 1 Tesalonicenses 5:12-15

3. Hablar es fácil. ¿Cómo muestras respeto y les respondes a los entrenadores, instructores y demás figuras de autoridad en tu vida? ¿Los toleras? ¿Podrías decir que los amas?
4. En esta carta, Pablo no solo aconsejó a su «equipo» que respetara y amara a los que los impulsaban y les pedían cuentas, sino que también los instó a ayudar a los perezosos, desalentados y débiles. ¿Cómo has ayudado y alentado a tus compañeros de equipo?
5. La Escritura prohíbe la venganza y nos ordena buscar el bien para todos. ¿Cómo puedes guardarte de reaccionar según tus sentimientos, para responder como la Palabra de Dios enseña?

PRONÓSTICO DE JUEGO

PRECALENTAMIENTO

1. ¿Qué partido miraste o jugaste en el cual se haya ganado o perdido debido a condiciones climáticas extremas?
2. ¿De qué partido participaste que haya llevado demasiado tiempo o que haya tenido una gran cantidad de tiempo adicional?

ENTRENAMIENTO — Josué 10:6-14

3. ¿Qué gran milagro hizo Dios para los israelitas? ¿Por qué lo hizo?
4. El Dios que hace que el sol permanezca quieto te conoce personalmente, escucha tu voz y responde tus oraciones. ¿Qué gran milagro necesitas en tu vida?

PLAN DE JUEGO

¿LESIÓN O MAQUILLAJE?

PRECALENTAMIENTO

1. ¿Qué equipamiento deportivo se ha vuelto más una cuestión de moda que de protección?
2. Algunos deportistas han colocado pasajes bíblicos en la pintura negra que usan debajo de los ojos. ¿Qué te parece esto?

ENTRENAMIENTO Hebreos 12:1-2

3. Estos pasajes han aparecido en el ojo negro de muchos deportistas. ¿Qué imagen pintan estos versículos?
4. ¿Quién es la «multitud tan grande de testigos» que menciona Pablo? ¿De qué son testigos?
5. Saber que otros antes de ti proclamaron a Cristo… ¿qué impacto tiene sobre tu preparación, ejecución y reacción frente a todo lo que la vida te arroja?

JUGADA PODEROSA

PRECALENTAMIENTO

1. Describe alguna vez cuando viste una gran jugada poderosa por parte de un equipo o atleta. ¿Cómo reaccionaste?
2. ¿Alguna vez miraste un partido con jugadores o espectadores de distintas partes del mundo? Si así, fue, ¿qué fue lo más memorable de la experiencia?

ENTRENAMIENTO Hechos 2:1-13

3. Si hubieras estado presente en Pentecostés, ¿cómo habrías reaccionado?
4. ¿Qué función cumple el Espíritu Santo en tu vida? Pídele a Dios que te muestre Su poder y te ayude esta semana.

PLAN DE JUEGO

¿QUIÉN TE IMPULSA?

PRECALENTAMIENTO

1. ¿Quién es el atleta más poderoso que conoces? ¿Qué ha logrado?
2. ¿Alguna vez viste a un equipo o atleta que haya sido profundamente afectado por algo al parecer insignificante?

ENTRENAMIENTO — Zacarías 4:6-10

3. ¿Qué quiere decir el Señor con «los que menospreciaron los días de los modestos comienzos»? (v. 10).
4. ¿Qué significa «No será por la fuerza ni por ningún poder, sino por mi Espíritu»?
5. ¿De qué maneras has intentado vivir por tu propio poder en lugar de por el del Espíritu? ¿Qué tienes que hacer para cambiar esto?

MI PUNTO CIEGO

PRECALENTAMIENTO

1. ¿Alguna vez te enojaste con un entrenador o compañero de equipo que intentaba ayudarte? ¿Cómo te sentiste después?
2. ¿Quiénes te han ayudado más a descubrir y solucionar los «puntos ciegos» en tu manera de jugar? ¿Cuáles son esos puntos ciegos?

ENTRENAMIENTO — Números 22:21-34

3. ¿Qué quiere decir que Balán no haya podido ver al ángel pero su burra sí?
4. ¿Por qué el Señor estaba enojado con Balán?
5. ¿Qué está intentando el Señor que veas en tu propia vida? ¿Qué «burra» está usando para abrirte los ojos?

PLAN DE JUEGO

SATISFACCIÓN GARANTIZADA

PRECALENTAMIENTO

1. ¿Cuáles son las tres principales razones por las que estás en los deportes actualmente?
2. ¿Qué harías si te ofrecieran una beca deportiva?
   ¿Y si te transformaras en una celebridad de los deportes?
   ¿Y si todo esto se viniera abajo por una lesión?

ENTRENAMIENTO Hebreos 13:5

3. La Biblia no dice que el dinero sea la raíz del mal; afirma que el amor al dinero es la raíz de todos los males. ¿Hay algo que ames tanto que tenga el potencial de interponerse entre tú y Dios (o que ya lo haya hecho)?
4. Jesús promete que siempre estará allí cuando lo necesites. ¿En qué sentido tus relaciones terrenales son limitadas, por más buenas que puedan ser? ¿Cómo te ayuda tener a Jesús de amigo para abordar las incertidumbres que tienes por delante?
5. Pídele a Dios que te libere del amor a las cosas materiales y que te ayude a contentarte con lo que tienes. Ora para que te ayude a vivir en el presente y a tener esperanza para el futuro.

LA CARTA DE AMOR DE DIOS

JOSUÉ 1:9

PRECALENTAMIENTO

1. ¿Alguna vez recibiste una carta de amor? ¿Alguna vez escribiste una? ¿Guardaste la carta que recibiste? ¿Entregaste la que escribiste?
2. ¿Alguna vez recibiste una carta de amor de parte de un padre, un abuelo u otro pariente especial?

ENTRENAMIENTO Cantares 7:10

3. La Biblia es la carta de amor de Dios para ti. Toda la Biblia habla del plan del Señor de reconquistar tu corazón y estar contigo para siempre. Al creer que Dios es amor, ¿cómo dirías este versículo en tus propias palabras?
4. ¿A qué le perteneces ahora, que está evitando que estés con Dios?
5. ¿Quién, además del Señor, quiere lo mejor para ti?
   ¿Qué puede hacer Dios por ti que nadie más puede hacer?

PLAN DE JUEGO

VER LA JUGADA

PRECALENTAMIENTO

1. ¿Cuál es la jugada o estrategia preferida de tu equipo? ¿A ti te gusta tanto como al resto de tus compañeros?
2. Comenta alguna vez en la que hayas visto una situación de la misma manera que tus compañeros de equipo. ¿Alguna vez viste las cosas con los ojos de tu entrenador?

ENTRENAMIENTO 2 Reyes 6:15-17

3. ¿Qué hizo que el siervo de Eliseo tuviera miedo? ¿En qué sentido el temor nos impide ver lo que Dios quiere mostrarnos?
4. El Señor igualó los caballos y los carros enemigos. Pero, ¿qué más proveyó? ¿Cómo nos ayuda Dios a superar los momentos más difíciles?
5. El Señor protege a aquellos que lo sirven, y aunque quizás no lo veamos, provee para nuestra seguridad y cuidado. ¿Cómo te ha dado seguridad y paz mental?

HORA DE CONFIAR

PRECALENTAMIENTO

1. ¿Cómo sueles reaccionar cuando tu entrenador designa una jugada o estrategia que parece extraña?
2. ¿Alguna vez tu equipo ganó, no gracias a ti, sino a pesar de ti?

ENTRENAMIENTO Éxodo 13:23-31

3. Imagina que estás caminando con los israelitas cuando ves que el ejército del Faraón viene a toda velocidad hacia ti. ¿Cómo reaccionarías?
4. ¿Qué aprendieron los israelitas de esta experiencia?
5. ¿De qué manera Dios te está pidiendo que confíes en Él? ¿Cómo responderás?

PLAN DE JUEGO

ESTE ES EL PLAN

PRECALENTAMIENTO

1. ¿Cuándo fue la última vez que tu entrenador tuvo un plan de juego que parecía condenado al fracaso?
2. ¿Seguiste el plan? ¿Cuál fue el resultado?

ENTRENAMIENTO — Génesis 6:13-22

3. ¿Cuál es el plan de Dios? ¿Por qué te parece que ha tomado esta decisión?
4. Ya que, posiblemente, nunca había llovido antes del diluvio, ¿qué clase de burlas y abuso puede haber soportado Noé mientras obedecía a Dios?
5. ¿Estás dispuesto a seguir el plan de Dios, incluso si te parece que no tiene sentido?

REGRESO A CASA

PRECALENTAMIENTO

1. Describe una ocasión en que tuviste que dejar una situación conocida y cómoda por causa de tu compromiso con un deporte. ¿Te resultó difícil alejarte de tu entorno? Explica por qué.

ENTRENAMIENTO — Hebreos 11:8-16; 13:14; Juan 14:2-3

2. Según Hebreos 11, ¿qué hicieron Abraham y Sara para recibir las bendiciones que Dios les había prometido? ¿Qué clase de patria buscaban en definitiva? (Ver versículos 10-16).
3. ¿Cómo altera Hebreos 13:14 el grado de importancia que le asignas a tus logros personales? ¿Cuáles son algunos de los beneficios que conlleva entender la promesa dada en Juan 14?
4. Identifica maneras de mantener una perspectiva eterna mientras vives en el presente.

JOSUÉ 1:9
LEVÁNTATE

MÁS QUE GANAR

TU PLAN DE JUEGO
PARA LA VIDA

EL PLAN DE DIOS

EN LA MAYORÍA DE LAS COMPETENCIAS DEPORTIVAS, UN ENTRENADOR PREPARA EL PLAN DE JUEGO DE ANTEMANO. DIOS DISEÑÓ UN PLAN PARA NUESTRA VIDA ANTES DE QUE COMENZARA EL MUNDO. ÉL ES SANTO Y PERFECTO. NOS CREÓ PARA AMARLO, GLORIFICARLO Y DISFRUTAR DE ÉL PARA SIEMPRE.

¿CUÁL ES EL ESTÁNDAR DE DIOS?

La Biblia, el libro de estrategias de Dios, afirma que el estándar para pertenecer a Su equipo es el siguiente:

SER SANTO

Sean santos, porque yo soy santo. –1 Pedro 1:16b

SER PERFECTO

Por tanto, sean perfectos, así como su Padre celestial es perfecto. –Mateo 5:48

¿CUÁL ES EL PLAN DE DIOS?

El Señor nos creó para:

AMARLO

Ama al Señor tu Dios con todo tu corazón, con todo tu ser y con toda tu mente. –Mateo 22:37

GLORIFICARLO (HONRARLO)

Digno eres, Señor y Dios nuestro, de recibir la gloria, la honra y el poder, porque tú creaste todas las cosas; por tu voluntad existen y fueron creadas. –Apocalipsis 4:11

DISFRUTAR DE ÉL PARA SIEMPRE

[Jesús dijo:] yo he venido para que tengan vida, y la tengan en abundancia. –Juan 10:10b

¿Por qué no podemos estar a la altura del estándar de Dios de santidad y perfección, y cumplir con el plan divino para nuestra vida?

LA RAZÓN ES...

EL PROBLEMA DEL HOMBRE

¿QUÉ ES EL PECADO?

Pecar significa errar al blanco; no alcanzar el estándar divino. No solo es hacer el mal y no hacer lo que Dios quiere (mentir, chismear, perder los estribos, tener malos pensamientos, etc.), sino que también es una actitud de ignorar o rechazar a Dios, lo cual resulta de nuestra naturaleza pecaminosa.

Yo sé que soy malo de nacimiento.
–Salmos 51:5a

¿QUIÉN PECÓ?

Pues todos han pecado y están privados de la gloria de Dios.
–Romanos 3:23

¿CUÁL ES EL RESULTADO DEL PECADO?

LA SEPARACIÓN DE DIOS

Son las iniquidades de ustedes las que los separan de su Dios.
–Isaías 59:2a

LA MUERTE

Porque la paga del pecado es muerte. –Romanos 6:23a

EL JUICIO

Y así como está establecido que los seres humanos mueran una sola vez, y después venga el juicio.
–Hebreos 9:27

La ilustración muestra que Dios es santo y que nosotros somos pecadores y estamos separados de Él. El hombre continuamente intenta alcanzar a Dios mediante sus propios esfuerzos (buenas obras, actividades religiosas, filosofía, etc.) pero, aunque estas pueden ser cosas buenas, no alcanzan el estándar divino.

Todos somos como gente impura; todos nuestros actos de justicia son como trapos de inmundicia.
–Isaías 64:6

HAY SOLO UNA MANERA DE CERRAR LA BRECHA ENTRE DIOS Y EL HOMBRE…

MÁS QUE GANAR

EL SUSTITUTO DE DIOS

Dios proporcionó la única manera de pertenecer a Su equipo, al enviar a Su Hijo Jesucristo, como el sustituto santo y perfecto, para morir en nuestro lugar.

¿QUIÉN ES JESUCRISTO?

ES DIOS

[Jesús dijo:] El Padre y yo somos uno. –Juan 10:30

ES HOMBRE

...y el Verbo [Jesús] era Dios. [...] Y el Verbo se hizo hombre y habitó entre nosotros... –Juan 1:1c, 14

¿QUÉ HIZO JESÚS?

MURIÓ EN NUESTRO LUGAR

Pero Dios demuestra su amor por nosotros en esto: en que cuando todavía éramos pecadores, Cristo murió por nosotros. –Romanos 5:8

SE LEVANTÓ DE LOS MUERTOS

Cristo murió por nuestros pecados según las Escrituras,

que fue sepultado, que resucitó al tercer día según las Escrituras,

y que se apareció a Cefas, y luego a los doce.

Después se apareció a más de quinientos hermanos a la vez.
–1 Corintios 15:3b–6a

ÉL ES EL ÚNICO CAMINO A DIOS

Yo soy el camino, la verdad y la vida —le contestó Jesús—. Nadie llega al Padre sino por mí. –Juan 14:6

Este diagrama muestra que Dios cerró la brecha entre Él y el hombre, al enviar a Jesucristo a morir en nuestro lugar como nuestro sustituto. Jesús venció el pecado y la muerte y se levantó de la tumba. Sin embargo, no es suficiente solo saber estas cosas. La página siguiente nos enseña cómo podemos formar parte del equipo de Dios y experimentar Su plan...

JOSUÉ 1:9

LA RESPUESTA DEL HOMBRE

Saber mucho sobre un deporte y hablar del juego no te transforma en miembro de un equipo. Lo mismo sucede con el cristianismo. Con solo saber sobre Jesucristo no alcanza; es necesario un compromiso total mediante la fe en Él.

LA FE NO ES

CONOCER UNA SERIE DE DATOS

¿Tú crees que hay un solo Dios? ¡Magnífico! También los demonios lo creen, y tiemblan. –Santiago 2:19

SOLO UNA EXPERIENCIA EMOCIONAL

Levantar la mano o repetir una oración no es suficiente.

LA FE ES

ARREPENTIRSE

Repudiar el pecado y volverse a Dios.

La tristeza que proviene de Dios produce el arrepentimiento que lleva a la salvación. –2 Corintios 7:10a

RECIBIR A JESUCRISTO

Es necesario confiar en Cristo para ser salvo.

Mas a cuantos lo recibieron, a los que creen en su nombre, les dio el derecho de ser hijos de Dios. –Juan 1:12

MIRA EL DIAGRAMA

¿De qué lado te ves?
¿En dónde te gustaría estar?

[Jesús dijo:] Ciertamente les aseguro que el que oye mi palabra y cree al que me envió, tiene vida eterna y no será juzgado, sino que ha pasado de la muerte a la vida. –Juan 5:24

MÁS QUE GANAR

REPETICIÓN DEL PLAN DE DIOS

Entiende que Dios es santo y perfecto; somos pecadores y no podemos salvarnos a nosotros mismos.

Reconoce quién es Jesús y lo que hizo como nuestro sustituto.

Recibe a Jesucristo por fe como Salvador y Señor.

Mas a cuantos lo recibieron, a los que creen en su nombre, les dio el derecho de ser hijos de Dios.
–Juan 1:12

Responde a Jesucristo con una vida de obediencia.

[Jesús dijo:] Si alguien quiere ser mi discípulo, que se niegue a sí mismo, lleve su cruz cada día y me siga.
–Lucas 9:23

¿El plan de Dios te resulta razonable? ¿Estás dispuesto a arrepentirte y a recibir a Jesucristo? Si así es, exprésale al Señor tu necesidad de Él. Considera la «Oración sugerida de entrega» más abajo. Recuerda que a Dios le importa más tu actitud que las palabras que pronuncies.

ORACIÓN SUGERIDA DE ENTREGA

Señor Jesús, te necesito. Entiendo que soy pecador y que no puedo salvarme solo. Necesito tu perdón. Creo que me amaste tanto que moriste en la cruz por mis pecados y te levantaste de entre los muertos. Me arrepiento de mis pecados y pongo mi fe en ti como Salvador y Señor. Hoy, te rindo mi vida. Me juego todo. Toma el control de mi vida y ayúdame a seguirte en obediencia. Te amo, Jesús. En tu nombre, amén.

...si confiesas con tu boca que Jesús es el Señor, y crees en tu corazón que Dios lo levantó de entre los muertos, serás salvo. [...] porque «todo el que invoque el nombre del Señor será salvo». –Romanos 10:9, 13

UNA VEZ QUE LE HAYAS ENTREGADO TU VIDA A JESUCRISTO, ES IMPORTANTE QUE ENTIENDAS CUÁL ES TU POSICIÓN EN ESTE EQUIPO...

CONOCE TU POSICIÓN

Demasiadas personas cometen el error de medir la seguridad de su salvación según los sentimientos, en lugar de las verdades de la Palabra de Dios. En Jesucristo, tienes nueva vida. Fíjate lo que la Palabra de Dios afirma sobre tu nueva posición en Su equipo...

Soy una **nueva creación** en Cristo. (2 Corintios 5:17; Gálatas 2:20)

Tengo **todo** lo que necesito para la vida y la piedad. (2 Pedro 1:3; Efesios 1:3)

Soy **testigo** para Cristo y soy Su **hechura**, creados para buenas obras. (Hechos 1:8; Efesios 2:10)

En Cristo, soy completamente **amado** y aceptado. (Efesios 1:4-6; Romanos 8:39)

En mí, **habita** el Espíritu Santo. (1 Corintios 6:19-20; 1 Juan 4:4)

Soy **perdonado** y **libre** de condenación. (1 Juan 1:9; Romanos 8:1-2)

Tengo **vida eterna** en Cristo. (Juan 5:24; 1 Juan 5:11-13)

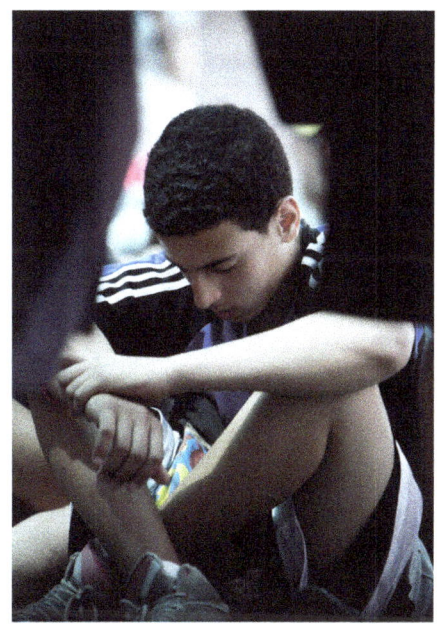

¡Confía en Dios! Pon tu fe en Su Palabra, no en tus sentimientos:

Les escribo estas cosas a ustedes que creen en el nombre del Hijo de Dios, para que sepan que tienen vida eterna. –1 Juan 5:13

CUATRO ENTRENAMIENTOS DIARIOS

ASÍ COMO EL CRECIMIENTO FÍSICO EXIGE ENTRENAMIENTO FÍSICO, EL CRECIMIENTO ESPIRITUAL COMO CRISTIANO TAMBIÉN NECESITA DE ENTRENAMIENTO ESPIRITUAL. AQUÍ TIENES CUATRO ENTRENAMIENTOS DIARIOS PARA CREAR MÚSCULO ESPIRITUAL.

1. BUSCA A CRISTO

Pasa tiempo cada día leyendo la Palabra de Dios y dedica tiempo a orar.

Recibieron el mensaje con toda avidez y todos los días examinaban las Escrituras para ver si era verdad lo que se les anunciaba. –Hechos 17:11b

Siete veces al día te alabo. –Salmos 119:164a

2. ANUNCIA A CRISTO

Anuncia a Cristo todos los días, mediante tus palabras y tus acciones.

Y día tras día, en el templo y de casa en casa, no dejaban de enseñar y anunciar las buenas nuevas de que Jesús es el Mesías. –Hechos 5:42

Así que somos embajadores de Cristo, como si Dios los exhortara a ustedes por medio de nosotros. –2 Corintios 5:20

3. GUÍA A OTROS

Guía a otras personas sirviendo como Cristo lo hizo. Cada día, tienes que morir a ti mismo y someter todo el control de tu vida a Jesucristo.

El más importante entre ustedes será siervo de los demás. –Mateo 23:11

Si alguien quiere ser mi discípulo, que se niegue a sí mismo, lleve su cruz cada día y me siga. –Lucas 9:23

4. AMA A LOS DEMÁS

Aprovecha cada oportunidad para mostrarles a los que te rodean que los amas.

Ama a tu prójimo como a ti mismo. –Lucas 10:27b

Mientras dure ese «hoy», anímense unos a otros cada día. –Hebreos 3:13a

Realiza estos entrenamientos y te fortalecerás en tu vida cristiana, para poder ser un miembro eficaz del equipo de Dios.

JOSUÉ 1:9

Si te comprometiste con Cristo, o volviste a dedicarle tu vida, la FCA quiere saberlo. Por favor, elige una de las siguientes opciones para que podamos ayudarte: Sitio en inglés únicamente.

1. Ingresa a *www.morethanwinning.org* y registra tu decisión.
2. Contáctanos llamando al 1-800-289-0909 o escribiendo a *fca@fca.org*.
3. Ponte en contacto con tu oficina local de la FCA.

JOSUÉ 1:9
LEVÁNTATE

LA LÍNEA DE PARTIDA
TU NUEVA VIDA EN CRISTO

TABLA DE CONTENIDO

La línea de partida **197** / La gran victoria: ¿Qué es esto de la salvación? **199** / El timbre final: ¿Cómo puedo experimentar la vida eterna? **202** / Errar al blanco: ¿Cómo me perdona Dios? ¿Cómo puedo perdonar? **205** / Dominar lo básico: ¿Cuáles son las habilidades esenciales para el crecimiento? **208** / Vigorización: ¿Cómo camino en el poder del Espíritu? **211** / El corazón de un ganador: ¿Cuál es el secreto de una vida victoriosa? **214**

LA LÍNEA DE PARTIDA

¡ACEPTA EL DESAFÍO DE EMPEZAR RÁPIDO Y TERMINAR CON FUERZA!

La línea de partida quizás sea el estudio más transformador que hagas jamás. Establecerá los cimientos para tu relación con Jesús. No importa si eres un cristiano nuevo o si necesitas una «puesta a punto» espiritual, *La línea de partida* traerá perspectiva y dirección para arrancar con fuerza en tu «carrera» con Cristo; tanto dentro como fuera de la competencia. Realizar este estudio es solo el punto de partida para una larga carrera de aventura, sacrificio y compromiso en tu vida con Jesús.

¿QUÉ ES?

Se trata de un estudio completo de discipulado de ocho semanas para deportistas, tanto para cristianos nuevos como para creyentes experimentados, que quieran comprender los fundamentos vitales de la fe cristiana. Muchos aceptan a Jesús y deciden seguirlo, pero no entienden bien lo que viene a continuación. Este estudio está diseñado para darte conocimientos básicos acerca de lo que significa ser un discípulo y vivir para Jesús. Este recurso está diseñado para ayudar a deportistas, entrenadores, padres, líderes de jóvenes y voluntarios a experimentar un crecimiento dramático en su nueva fe en Cristo. Cada sesión te preparará, te dará ánimo y motivación para correr con Jesús la carrera (o la aventura) que Dios ya trazó para tu vida.

¿CÓMO PUEDO USAR ESTE RECURSO?

La línea de partida puede usarse de tres maneras diferentes:

1. **Uno a uno:** dos personas pueden comprometerse a realizar este estudio juntas. Para aprovechar al máximo este enfoque, lo mejor es que un cristiano más maduro guíe a un creyente más nuevo a través de estas ocho sesiones. El beneficio de esta manera es que permite un mayor debate y una conexión personal.

2. **Grupo pequeño:** este estudio también está diseñado para funcionar bien en grupos pequeños que quieran interactuar con este material. Puedes usar este recurso en un grupo existente o comenzar uno nuevo. Lo mejor es que no haya más de seis personas en el grupo, para que todos puedan participar. Si es necesario, divídelo en dos más pequeños, cada uno con su líder de debate, para crear un mejor ambiente para la interacción.

3. **Individual:** este estudio también puede usarse personalmente, para ayudarte a crecer en tu fe y caminar con Cristo. Si realizas estas ocho sesiones solo, cuéntale a alguien lo que Dios te está mostrando durante tu tiempo de estudio.

Entrenar para tu deporte requiere disciplina, entusiasmo y energía. Si inviertes tiempo de calidad en este estudio, obtendrás excelentes resultados en tu vida.

1 LA GRAN VICTORIA

¿QUÉ ES ESTO DE LA SALVACIÓN?

LA LÍNEA DE PARTIDA

Los deportistas tienen un intenso deseo de competir... ya sea que estén intentando unirse a un equipo, establecer una marca personal, ganar un campeonato o, simplemente, jugar mejor que sus compañeros en un partido amistoso.

1. ¿Qué te motiva a competir?
   ¿Qué significa para ti poder ganar una competencia?

2. ¿Cómo te sientes cuando pierdes o no alcanzas tus objetivos competitivos?

Para un atleta serio, el espíritu competitivo parece estar ligado a su ADN... y efectivamente esto es así. Dios usa esto mismo para acercarnos a Él. Cuando nos esforzamos por alcanzar la excelencia en los deportes u otras áreas de la vida, a la larga, entendemos que la verdadera satisfacción no viene de ganar trofeos, medallas, aplausos o contratos millonarios. Ningún logro o premio puede equipararse a la profunda satisfacción que se experimenta al descubrir nueva vida: la verdadera vida en Jesús.

La Biblia suele referirse a nuestra nueva vida como seguidores de Cristo en términos deportivos y militares.

Lee Colosenses 1:12-14.

3. Según este pasaje, ¿qué cosas increíbles son parte de la gran victoria que Dios nos proporcionó?

LA GRAN VICTORIA

Lee Efesios 2:1-9.

Efesios 2:1-9 resalta tres diferencias importantes entre los premios que podemos ganar en la Tierra y el premio supremo que nos proporciona nuestra salvación: una relación personal con nuestro Dios y Creador.

Diferencia 1:

Este premio supremo de la salvación se apoya exclusivamente en el AMOR EXTREMO DE DIOS por nosotros (vv. 1-4).

4. Después de leer los versículos 1-3, ¿cómo te parece que las personas pueden estar muertas en vida? ¿Cómo era tu vida muerta antes de acudir a Jesús?

A diferencia de nuestros logros deportivos, los cuales alcanzamos gracias al talento que Dios nos da, no nos ganamos el privilegio de la salvación. Dios sabe que, por más que lo intentemos, nunca alcanzaremos Su estándar: la perfección. Sin embargo, el Señor diseñó una manera de rescatarnos del dominio de la oscuridad, porque anhela que estemos con Él para siempre.

Diferencia 2:

Somos salvos por GRACIA (vv. 5-7).

5. La gracia divina es el favor de Dios para nosotros, que no la merecemos. ¿Cómo te cambió la vida al aceptar el increíble regalo de Dios de la salvación en Jesús? ¿Qué piensas de tu vida ahora y al mirar al futuro?

Aunque no merecemos la gracia de Dios debido a nuestros fracasos, Él igualmente se la ofrece a todo el que esté dispuesto a aceptar a Jesús como Salvador y Redentor.

Diferencia 3:

Somos salvos a través de la FE (vv. 8-9).

6. ¿Cómo recibe una persona el regalo de la salvación de Dios (v. 8)? Según el versículo 9, ¿qué es lo que no tiene ninguna relevancia para nuestra salvación?

LA GRAN VICTORIA

Dios no se detiene al salvarnos del juicio. Además, nos eleva a un nivel de grandeza en Su equipo, y nos prodiga «incomparable riqueza» en Su reino.

Lee Juan 3:16 y Romanos 8:14-17.

7. Según Juan 3:16 y Romanos 8.14-17, ¿qué privilegios obtienes de tu relación con Dios? ¿Cómo te hacen sentir estos regalos?

La palabra «sufrimos» parece fuera de lugar en la descripción de Romanos 8:17 sobre ser glorificados como herederos de Dios. Aunque tenemos garantizada la salvación cuando aceptamos a Jesús por fe, el juego no termina. Todavía estamos en carrera y nuestro enemigo nos pisa los talones.

Lee 1 Corintios 9:24-27.

8. ¿Qué lecciones de vida tomadas de los deportes aparecen en 1 Corintios 9:24-27?

9. ¿Cómo pueden la comprensión del premio supremo que Dios te ofrece y del rol único que diseñó para ti afectar tu manera de vivir en casa?

    ¿Y en el entrenamiento o durante la competencia?

    ¿Mientras pasas tiempo con tus amigos o compañeros de equipo?

    ¿En tu escuela y la comunidad?

10. Dios ha trazado una carrera y una función únicas para cada uno de nosotros. ¿Estás listo para esforzarte al máximo en la carrera que se extiende delante de tus ojos?

Pídele a Dios que te dé una visión de la victoria suprema: el premio «que dura para siempre» que te tiene preparado... para que permanezcas motivado a disciplinarte y correr bien la carrera.

2
EL TIMBRE FINAL

¿CÓMO PUEDO EXPERIMENTAR LA VIDA ETERNA?

El tiempo siempre es un factor crucial. Vivimos en un mundo de partidos de 60 minutos, intervalos de 30 minutos, violación de los 3 segundos, advertencias de 2 segundos y otros momentos decisivos, como tener 2 *outs* y 2 *strikes* al final de la novena entrada.

1. Describe una situación en la que el tiempo haya jugado una función importante en el resultado de una competencia. ¿Qué ajustes tuvieron que hacer tú o tu equipo a medida que se acababa el tiempo?

2. Enumera tres emociones que sentiste bajo presión. ¿Qué impacto tuvieron estos sentimientos sobre tu rendimiento?

A nadie le gusta pensar en eso, pero nuestro tiempo sobre la Tierra es limitado. No obstante, gracias a la gran victoria que Jesús ganó en la cruz, no tenemos por qué sentir la presión que llega durante los últimos momentos de la competencia. En cambio, podemos concentrarnos en la calidad de nuestra relación con Él ahora y en las maravillosas recompensas que nos esperan en el cielo.

202

EL TIMBRE FINAL

LA LÍNEA DE PARTIDA

LO QUE MERECEMOS

Cuando violas una ley, la seriedad de la ofensa aumenta con la intensidad del daño. El castigo es más severo si robas un auto que una golosina. La seriedad también aumenta según la importancia de la persona agredida. Si le pegas a tu hermana, te devolverá el golpe; intenta pegarle a un oficial de policía, y obtendrás más que una bofetada.

Lee Romanos 3:23 y Romanos 6:23.

3. Según Romanos 3:23, ¿qué tienen en común todas las personas? ¿Qué te parece que sería un castigo justo por ofender y herir profundamente a un Dios perfecto?
4. ¿Qué dice Romanos 6:23 que merecemos por pecar contra el Señor? Dios nos ama tanto que no nos da lo que merecemos. ¿Qué nos ofrece en cambio?

LO QUE OBTENEMOS

En lo que se refiere a servir a Cristo, hay mucho más en juego que trofeos, medallas y récords que romper. Es más, al final de nuestra vida aquí en la Tierra, aquellos que aceptamos el regalo supremo de Dios escucharemos el timbre final. En ese instante, todas las presiones, desilusiones y dolores de esta vida se desvanecerán para siempre.

Lee Juan 3:16-17 y 1 Juan 5:11-12.

5. Según Juan, ¿por qué vino Jesús a nuestro mundo? ¿Qué es lo único que necesitamos para recibir el increíble regalo de la vida eterna?

Lee Apocalipsis 21:1-4, 18-21.

6. ¿Cómo será la calidad de vida en el cielo, según lo que describe Apocalipsis 21? Enumera al menos cinco aspectos increíbles sobre la vida que Dios tiene planeada para Su pueblo, Su equipo.

Por más genial que sea el cielo, es incluso más emocionante entender que nuestra eternidad nos permitirá ver y tocar a Jesús, nuestro Salvador y Redentor. Tendremos una eternidad para que Él nos atesore y para explorar las profundidades y la belleza infinitas de Dios mismo.

EL TIMBRE FINAL

Como deportistas, somos capaces de cualquier cosa por lograr nuestros objetivos en el campo de competencia. Lo hacemos por amor al juego y al deporte. Nuestro Creador nos dio esos deseos porque nos creó a Su imagen. Él también hizo lo imposible para alcanzar Su sueño y cumplir Su deseo: tener una relación íntima y profunda con cada uno de nosotros.

Lee Juan 17:2-3.

7. Según Jesús, ¿cuál es el verdadero significado de la vida eterna (v. 3)? ¿Cuándo puede empezar?

8. ¿Qué sientes al comprender que Dios desea tanto relacionarse contigo que dio el regalo supremo, al enviar a Su único Hijo a dar Su vida por ti y rescatarte del pecado?

Las Escrituras nos cuentan que nadie sabe cuándo escucharemos el timbre final para ir al cielo, pero cuando lo hagamos, por fin veremos a Dios en toda Su gloria (1 Corintios 13:12). Mientras tanto, pídele a Dios que te lleve a relacionarte más profundamente con Él.

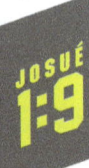

3
ERRAR AL BLANCO

¿CÓMO ME PERDONA DIOS? ¿CÓMO PUEDO PERDONAR?

LA LÍNEA DE PARTIDA

Imagina que el partido está en juego y te toca definirlo. Aciertas el tiro libre o no. Metes el penal o no. Haces un hoyo lo suficientemente grande como para alcanzar cuatro yardas o no. Haces un bajo par o no. Si lo logras, ganas; si erras, pierdes.
Te transformas en el héroe o en el «chivo expiatorio».

1. Describe un momento en que hayas dejado caer la pelota, errado o hayas arruinado todo cuando todos contaban contigo. ¿Qué sentiste al ser el «chivo expiatorio»? ¿Qué se quebró en tu interior?
2. ¿Por qué crees que nos sentimos tan mal cuando fallamos o erramos al blanco?

Dios nunca quiso que fuéramos el «chivo expiatorio».
Nos creó para vivir como héroes y campeones. Sin embargo, en nuestro mundo arruinado, todos fracasamos y no alcanzamos la gloria que Dios desea. Tarde o temprano, todos metemos la pata. ¡Lo bueno es que no tenemos por qué vivir en el fracaso y el pecado!

ARRUINADO

Al vivir para Dios, parece que dejamos caer la pelota muchas veces. Cuando tenemos que amar, tratamos mal a alguien. Cuando nuestros pensamientos tienen que ser puros, tenemos deseos lujuriosos. Cuando debemos decir la verdad, mentimos. Cuando tenemos que honrar a nuestros padres y escuchar su consejo, hacemos lo que nos parece. Cuando debemos esforzarnos en el entrenamiento, cedemos a la comodidad y holgazaneamos. Cuando tenemos que amar a Dios y a nuestro prójimo, los ignoramos.

Lee Isaías 64:5-6.

3. Según el versículo 5, ¿cómo afectan nuestros fracasos y pecados los sentimientos de Dios? ¿Qué afirma el versículo 6 sobre nuestros mejores esfuerzos por darle al blanco?

ERRAR AL BLANCO

La palabra hebrea para pecado es un término deportivo que significa «errar al blanco». Dios tiene un blanco de tiro al que erramos en forma habitual. Errarle al blanco de Dios podría desalentarnos y hacernos pensar que el Señor debería sacarnos a patadas de Su equipo. Pero, por fortuna, ¡Él no obra así! Sabe de qué estamos hechos y reconoce que no podemos salvarnos a nosotros mismos. Sin embargo, como anhela relacionarse con Sus hijos, abrió un camino.

DIOS DESEA PERDONARNOS Y RESTAURARNOS

Lee Efesios 1:7 y Colosenses 1:13-14.

4. Según Efesios 1:7 y Colosenses 1:13-14, solo Dios tiene el poder de rescatarnos, redimirnos y perdonarnos. ¿De qué nos rescata el Señor? ¿Qué actitud tiene hacia cada uno de Sus hijos?

Una vez que invitamos a Jesús a nuestras vidas, Él nos libera de la culpa de nuestros errores. Redime (compra o recupera) nuestra libertad, y cancela por completo cualquier deuda que tengamos.

MANTENER EL OBJETIVO

El deseo de nuestro corazón de no ser el «chivo expiatorio» nos ayuda a entender cómo funciona nuestra relación con Dios. Si echas a perder una jugada importante, no quedas fuera del equipo, pero puede verse afectada la relación con tus compañeros y tu entrenador. De la misma manera, si te equivocas en la vida con Dios, tus malas decisiones afectarán tu relación con Él y tu eficacia en la vida.

Lee 1 Juan 1:6-9.

5. ¿Cómo describe 1 Juan 1:6-7 el impacto de nuestros pecados? Cuando nos equivocamos, ¿qué debemos hacer para recibir el perdón de Dios y comenzar de nuevo?

Para mantener abierta nuestra relación con Dios y conservar nuestra libertad de la basura pecaminosa que nos arruinaría la vida, lo único que tenemos que hacer es confesar nuestros pecados. Confesar significa estar de acuerdo. Dios simplemente quiere que aceptes que volviste a caer en un viejo hábito: una actitud o patrón de conducta errado y dañino. Cada vez que lo haces, Dios promete perdonarte, limpiarte y ayudarte a empezar de nuevo. ¡Créelo!

LA TRAMPA DE LA FALTA DE PERDÓN

Así como el enemigo de Dios y el nuestro, Satanás el engañador, quiere arruinar nuestra relación con el Señor, también desea arruinar nuestras otras relaciones y evitar que experimentemos la libertad que Jesús obtuvo para nosotros en la cruz.

ERRAR AL BLANCO

Lee Mateo 6:14-15; 2 Corintios 2:5-11 y Hebreos 12:15.

6. Mira con atención cada uno de estos tres pasajes. ¿En qué trampas podemos caer cuando no tomamos el camino de perdonar a aquellos que nos ofendieron?

   Mateo 6:14-15   _____
   2 Corintios 2:5-11 _____
   Hebreos 12:15   _____

LIBERTAD DE LAS TRAMPAS

Dios no minimiza nuestras ofensas o pecados, y nosotros tampoco deberíamos restarle importancia a las afrentas o heridas que los demás nos inflijen. El perdón auténtico no niega las heridas ni ignora el enojo. No excusa las acciones equivocadas ni hirientes de una persona. El perdón no olvida, pero le da cabida a la humanidad de la otra persona.

Lee Colosenses 3:12-15.

7. Los versículos 14-15 resaltan tres rasgos piadosos que necesitamos ponernos como ropa, para poder perdonar. ¿Cuáles son estas características y de dónde surgen? ¿Cómo están estas cuestiones en tu vida en este momento?

8. El versículo 13 afirma: «Así como el Señor los perdonó». ¿Por qué te parece que se incluye esta frase? Considera las implicancias de tu respuesta a las personas que te han herido.

Lee Romanos 12:16-19.

9. Cuando herimos a los demás y ellos nos lastiman, comienza un ciclo destructivo. ¿Cómo rompemos este ciclo (vv. 16-18)?

10. ¿Qué significa «dejen el castigo en las manos de Dios»? ¿Por qué crees que Dios es tan posesivo y enérgico respecto a que la venganza le pertenece (v. 19)?

Solo podemos perdonar porque Dios nos perdonó primero. El perdón no surge naturalmente. Es un proceso que puede llevar algo de tiempo, pero una vez que nos permitimos sentir verdaderamente el enojo, la tristeza y la herida, podemos perdonar. Cuando lo hacemos, soltamos a nuestro ofensor y lo colocamos en manos de Dios. El Señor nos protege mucho más de lo que nosotros podemos hacerlo, y tiene una capacidad superior para vengar nuestras heridas. Cuando nos desprendemos del deseo de venganza, podemos vivir en libertad, amor y esperanza. Al perdonar, evitamos que una raíz de amargura destruya nuestro corazón, el gozo, nuestras relaciones interpersonales y nuestra eficacia.

4 DOMINAR LO BÁSICO

¿CUÁLES SON LAS HABILIDADES ESENCIALES PARA EL CRECIMIENTO?

En todos los deportes, es fundamental que los jugadores aprendan las habilidades básicas que cimentan la excelencia.
A veces, los fundamentos pueden ser aburridos y poco atractivos. Incluso pueden ser difíciles de aprender. Pero en cualquier deporte, dominar las habilidades esenciales siempre es la clave para el éxito.

1. ¿Qué tres aspectos básicos has dominado en tu deporte o tu posición?

2. ¿Qué te motivó a practicar estas habilidades?
¿Cómo mejoró esto tu rendimiento?

Al igual que en los deportes, una serie de habilidades básicas te guiará para llevar una vida centrada en Cristo. Hay tres áreas de formación esencial para una exitosa carrera de resistencia con Dios.

JOSUÉ 1:9

ASPECTO ESENCIAL 1
ESTUDIA EL MANUAL DE ENTRENAMIENTO DE DIOS: LA BIBLIA

Cada deporte tiene su manual o programa de entrenamiento para desarrollar la excelencia. Para el seguidor de Cristo, la Biblia es como un reglamento, un libro de estrategias y un manual de entrenamiento todo en uno. Son palabras inspiradas del corazón y la mente de Dios.

DOMINAR LO BÁSICO

LA LÍNEA DE PARTIDA

Lee 2 Timoteo 3:16-17 y Hebreos 4:12.

3. De 2 Timoteo 3:16-17, enumera cuatro beneficios de leer y estudiar la Biblia. ¿De qué maneras específicas estos beneficios pueden formarte e impactar tu vida?

4. ¿Por qué crees que Hebreos 4 describe la Palabra de Dios como «viva» y «poderosa»? ¿En qué difiere la Biblia de los demás libros?

La Biblia tiene poder porque es Palabra de Dios. Contiene verdades penetrantes sobre Dios, la vida, nuestra identidad, nuestra misión y destino, y la condición de nuestro corazón. Su mensaje es esencialmente simple pero a la vez profundamente poderoso. Estudiar la Biblia puede parecerse a estudiar un complicado manual de estrategias. A veces, puede parecer confuso y abrumador, pero es un libro vivo y activo, para que Dios nos revele nuevas perspectivas cada vez que lo abramos.

ASPECTO ESENCIAL 2

PERMANECE EN CONSTANTE COMUNICACIÓN CON TU ENTRENADOR DE VIDA: ORA

No importa si jugamos a un deporte en equipo o si competimos individualmente, el éxito en el campo de juego se vuelve cada vez más difícil sin un mentor o entrenador que nos guíe. Lo mismo sucede en nuestras vidas. Necesitamos encontrarnos personalmente con Dios mediante una comunicación directa: la oración.

Lee Mateo 6:5-15.

5. En Mateo 6, Jesús nos da un modelo para comunicarnos con Dios. ¿Qué actitud debemos tener al orar (vv. 5-6)? ¿Qué tendríamos que evitar (vv. 7-8)?

6. Parafrasea la oración de Jesús (vv. 9-13), observando las cuestiones específicas por las que Jesús oró. ¿Cómo puede esta clase de oración sincera impactar tu vida y tus relaciones con los demás?

La oración es una herramienta poderosa que puede cambiarles la vida a ti y a los que te rodean. En la oración, le abres tu corazón a Dios y le permites que hable a tu vida. Aprende a relajarte y a abrirte por completo al Señor. Hazte el hábito de desacelerar lo suficiente como para escuchar Su voz.

DOMINAR LO BÁSICO

ASPECTO ESENCIAL 3
ÚNETE A UN EQUIPO GANADOR: ENCUENTRA UNA IGLESIA

Como deportistas, debemos depender del apoyo de los demás para alcanzar nuestros objetivos competitivos. La iglesia es un equipo de apoyo que se concentra en servir a Dios. Desde el principio, Dios siempre juntó a personas con distintos talentos, habilidades, experiencias de vida y fortalezas.

Lee 1 Corintios 12:12-31.

7. ¿Qué nos dice Pablo sobre la importancia del trabajo en equipo dentro de la iglesia (vv. 12-20)?
8. ¿Qué actitudes debemos mostrar con los demás en la congregación (vv. 21-26)? ¿Cómo puede esto edificar la unidad y aumentar la eficacia de la iglesia para impactar el mundo para Cristo?

Mantén una rutina diaria de oración y lectura bíblica, así como sigues un programa básico de entrenamiento en tu vida deportiva. Empieza siguiendo el método sencillo descrito en la página 54. Aprende más sobre tu nueva identidad en la página 223.

9. ¿Cómo puedes ser un mejor atleta si te tomas tiempo para hablar con Dios y leer la Biblia cada día? ¿Y un mejor compañero de equipo, estudiante, amigo, hijo o hermano?

5 VIGORIZACIÓN

¿CÓMO CAMINO EN EL PODER DEL ESPÍRITU?

LA LÍNEA DE PARTIDA

Como deportistas, muchos factores están en juego a la hora de tener éxito en la cancha o el campo de competición. El estado físico, la nutrición, el descanso, la actitud adecuada y la concentración mental son solo algunos de los factores menos visibles que determinan nuestro desempeño. Aunque estas cosas no son tan visibles como el entrenamiento de habilidades o el levantamiento de pesas, juegan un rol vital para prepararte para el juego.

1. ¿Cómo son tus rutinas diarias de entrenamiento y nutrición? ¿De qué maneras te fortalecen estas cosas para rendir al máximo?
2. Hay mucho que no entendemos sobre cómo prepararnos de manera óptima para vencer dentro y fuera de la cancha. Nombra a una persona que te haya ayudado a mejorar en tu deporte. ¿Qué consejo te dio?

Así como los entrenadores nos enseñan los puntos específicos del deporte, cuando Jesús caminó sobre la Tierra, les enseñó a Sus discípulos a seguir Su guía y a madurar. Pero, mientras Jesús se preparaba para dejar la Tierra y regresar al cielo, sabía que Sus seguidores no prosperarían ni llevarían a cabo la misión que les encargó sin alguien que los guiara. Todavía necesitamos esa fuente de poder para darnos la fortaleza interior, la valentía y la sabiduría para seguir avanzando, incluso cuando nadie parece estar de nuestro lado.

Lee Juan 14:16-18, 26.

VIGORIZACIÓN

3. ¿Quién dijo Jesús que vendría a tomar Su lugar en las vidas de Sus seguidores? ¿Qué palabras usó Jesús para describir a este representante celestial?

Lee Juan 16:7-14.

4. Así como nuestro Padre celestial es completamente Dios y Jesús es plenamente Dios, el Espíritu Santo también lo es. Además, así como Jesús tiene una función única en nuestras vidas, el Espíritu Santo también la tiene. Según Juan 16, ¿cuál es la función del Espíritu y por qué es tan importante?
5. Describe alguna vez en la que hayas estado con amigos, compañeros de equipo o familiares y podrías haberte beneficiado del Espíritu Santo en Su función de:

   Consejero:
   Consolador:
   Guía:

Lee Romanos 8:12-15.

Cuando la Biblia habla de la carne, no se refiere a nuestro cuerpo. Es como si, después de entrenar, te bañaras y te pusieras ropa limpia, pero te pusieras los calcetines apestosos. Tu carne es como esas medias olorosas que permanecen contigo una vez que te renovaste por completo. Jesús te hizo una nueva criatura cuando lo aceptaste como Salvador, pero todavía llevas contigo la carne: esos viejos patrones de conducta y arraigados hábitos de pensamiento en los que vuelves a caer cuando te sientes débil o cansado.

6. Según Romanos 8:12-13, ¿qué les sucederá a aquellos que viven «conforme a la naturaleza pecaminosa»? ¿Y a los que viven «por medio del Espíritu»? ¿Qué crees que significa vivir «por medio del Espíritu»?
7. Romanos 8:14-15 afirma que las personas guiadas por el Espíritu de Dios son hijos de Dios, con los derechos y privilegios de un primogénito. ¿Qué sientes al ser «adoptado» por Dios? ¿Qué poder te otorga ser hijo del Señor para seguir avanzando incluso en medio de tiempos difíciles?

VIGORIZACIÓN

Todos tenemos momentos en que sentimos que es imposible vivir la vida cristiana en un mundo tan lleno de tentaciones y distracciones. Pero, gracias a la obra del Espíritu Santo, tenemos el poder de decir «no» a nuestros malos deseos. El Espíritu también nos capacita para decir «sí» a nuestros deseos más profundos de conexión con Dios y a la gran aventura que Él tiene para nosotros.

Lee Gálatas 5:16-23.

8. ¿De qué maneras podemos ceder a nuestra carne y fallar en nuestro caminar con Dios (vv. 19-21)? ¿Cuál será la consecuencia para aquellos que se niegan a dejar de hacer estas cosas (v. 21)?

9. ¿Qué características aparecen en nuestras vidas a medida que seguimos al Espíritu Santo (vv. 22-23)? ¿Cuál es la que más necesitas que el Espíritu desarrolle en tu vida?

Permite que el Espíritu sea tu guía constante. Aprovecha el verdadero poder al escuchar y aceptar Su dirección, aliento y poder. Toma un momento ahora para pedirle al Espíritu que haga lo siguiente en tu vida:

- Guíame en la dirección correcta.

- Enséñame a ser más como Jesús.

- Dame la valentía y la audacia para compartir mi fe con los demás.

- Dame el poder para resistir el impulso de ceder a la tentación.

6
EL CORAZÓN DE UN GANADOR

¿CUÁL ES EL SECRETO DE UNA VIDA VICTORIOSA?

Al parecer, la mayoría de nosotros nace con la necesidad de competir, y la búsqueda del desafío, la aventura y la victoria está profundamente arraigada en nuestro ser. Como deportistas, estamos dispuestos a dejar nuestra sangre, sudor y lágrimas para vencer a un oponente.

1. ¿Cómo te preparas para un partido o una competencia contra un rival despiadado que quiere derrotarte? ¿Qué te motiva a esforzarte para obtener la victoria?

La competencia nos proporciona una clara imagen de los dos lados opuestos del ámbito espiritual, que batallan con intensidad para ganar el premio. El bien y el mal (el ejército de Dios y las fuerzas de Satanás) batallan por tu lealtad y tu corazón. Como eres valioso para Dios, eres el premio.

NUESTRO DESPIADADO OPONENTE

Lee Efesios 6:10-12 y 1 Pedro 5:8.

2. ¿Quién es nuestro adversario invisible y qué quiere hacer en nuestra vida y nuestras relaciones? ¿Crees que alguna vez estaremos libres de la tentación y la necesidad de luchar para conservar la libertad que se nos ha dado?

Aunque Dios ya selló el destino de Satanás mediante la muerte y resurrección de Jesús, el diablo todavía «ronda como león rugiente» (1 Pedro 5:8) y utiliza su táctica principal de engaño para derrotarnos. Intenta lograr que creamos que Dios no es bueno, le da un giro torcido a cada cosa que nos sucede, hace estragos en nuestra vida y, en definitiva, se esfuerza por destruirnos.
La Biblia deja en claro que el diablo y sus demonios son despiadados y tienen un propósito.

EL CORAZÓN DE UN GANADOR

OFENSIVA Y DEFENSA SÓLIDAS

Para protegerse contra los ataques enemigos, necesitamos una preparación disciplinada, una defensa fuerte y una ofensiva sólida. Hay siete estrategias de prevención que serán nuestras aliadas a la hora de resistir al enemigo y a las tentaciones de nuestros propios deseos torcidos (la carne).

ESTRATEGIA DE PREVENCIÓN N° 1: PREPÁRATE

Lee Efesios 5:15-17 y 1 Pedro 1:3.

3. ¿Qué maneras resaltadas en Efesios 5:15-17 y 1 Pedro 1:3 nos ayudarán a prepararnos antes de enfrentar las tentaciones que vendrán?

ESTRATEGIA DE PREVENCIÓN N° 2: REEVALÚA Y ARREPIÉNTETE

Tenemos que evaluarnos constantemente. Cuando estamos equivocados, lo admitimos de inmediato y nos volvemos a la verdad y a la luz. Alejarse del pecado y acudir a Dios es arrepentirse. La palabra «arrepentimiento» viene del griego *metanoia*, que significa «cambiar» (*meta*) nuestra forma de pensar o entender (*noia*).

Lee 2 Corintios 4:1-2, 6 y Romanos 12:1-2.

4. Según 2 Corintios 4, ¿qué parte juega Dios para cambiarnos radicalmente de adentro hacia fuera? ¿Cuál es nuestra parte? ¿Qué dos decisiones tenemos que tomar para permitir que Dios renueve nuestra mente y nos transforme (Romanos 12:1-2)?

ESTRATEGIA DE PREVENCIÓN N° 3: VISLUMBRA TU GLORIA FUTURA

Es fácil quedarse atascado en la rutina y las luchas. Continuamente, tenemos que volver a enfocarnos en la historia más grande, mientras vivimos lejos de nuestra gloria y anhelamos lo que nos espera.

Lee Romanos 8:16-19.

*Adaptado de «*Stop the Madness*» [Detén la locura] de Serendipity.

EL CORAZÓN DE UN GANADOR

ESTRATEGIA DE PREVENCIÓN Nº 4:
VALORA TU CORAZÓN

Si valoramos y protegemos nuestro corazón, establecemos límites de protección y conectamos nuestro corazón con Dios.

Lee Proverbios 4:23 y Salmos 119:9-11, 15-16.

5. ¿Por qué es tan importante cuidar el corazón (Proverbios 4:23)? ¿De qué maneras podemos permanecer en sintonía con nuestro corazón y con Dios (Salmos 119)?

ESTRATEGIA DE PREVENCIÓN Nº 5:
HUYE DE LA TENTACIÓN

A veces, la tentación parece caerte encima, y no hay manera de evitarla. Cuando te encuentras en una situación tentadora, ¡huye en la dirección opuesta!

Lee 1 Corintios 10:12-13.

ESTRATEGIA DE PREVENCIÓN Nº 6:
NO ALIMENTES LA CARNE

Si escupes en contra del viento, lo lamentarás. Si comes alimentos contaminados, pagarás las consecuencias. Si tomas un camino que lleva a problemas, los encontrarás. Cuidado con volver a caer en viejos hábitos.

Lee Romanos 13:12-14 y Efesios 5:6-8, 10-11.

6. La carne es un bagaje que todavía llevamos a cuesta: deseos desordenados y viejos patrones de hábitos. ¿Cómo podemos no preocuparnos «por satisfacer los deseos de la naturaleza pecaminosa» y vivir «como hijos de luz»?

EL CORAZÓN DE UN GANADOR

ESTRATEGIA DE PREVENCIÓN Nº 7:
TRABAJO EN EQUIPO Y RENDICIÓN DE CUENTAS

Un equipo de personas que pueden edificarse unas a otras es sumamente poderoso. El cristianismo es un deporte de equipo. Lo que el enemigo más desea es aislarnos y dejarnos fuera del juego.

Lee Hebreos 10:24-25 y Santiago 5:19-20.

Estamos en medio de una competencia brutal por nuestro corazón y nuestro legado. Sin embargo, como hijos de Dios, tenemos acceso a armas de poder divino. Mantente en sintonía con el Espíritu Santo en todo momento, y ejecuta las jugadas según Él te indique.

Lee 2 Corintios 10:3-5.

7. ¿De qué maneras podemos derribar «fortalezas» (v. 4)? ¿Cómo podemos llevar «cautivo todo pensamiento» y someterlo a la obediencia a Cristo (v. 5)?

Tomar un día a la vez, descartar la basura y rendir cuentas constantemente será el centro de tu programa de por vida. Dios nunca quiso que pasáramos por las pruebas solos. Quiso que nos tomáramos de los brazos unos con otros y avanzáramos juntos en esta travesía.

7 ASCENSO A LA GLORIA

¿CÓMO PUEDO DESCUBRIR LAS COSAS MÁS PROFUNDAS DE DIOS?

¿Qué tienen algunos deportistas que pueden ascender a la cima de su deporte? Muchos tienen grandes habilidades, son disciplinados y se esfuerzan con determinación, pero pocos llegan a alcanzar la gloria y la grandeza.

1. Describe alguna vez en que hayas encontrado tu ritmo, cuando jugaste «de primera» o te elevaste a un nivel de juego que iba más allá de tu experiencia cotidiana. En ese momento, ¿en qué estaban concentrados tu corazón, tu alma, tu mente y tu fuerza?

2. ¿Qué factores externos o convicciones internas suelen distraerte y evitar que des lo mejor de ti mismo o juegues para ganar?

De la misma manera en que la pasión y una concentración absoluta en el objetivo nos ayudan a jugar con nuestra máxima capacidad en los deportes, la pasión y la concentración nos ayudan a encontrar a Dios de una forma en que la disciplina y las técnicas no pueden lograrlo.

Como competidores, es fácil concentrarnos en el desempeño, pero la clave para ascender a la gloria en nuestra vida no es el rendimiento. Lo importante es el corazón y el alma. Se trata de entender quiénes somos en verdad, de conectarnos profunda y personalmente con Dios, de poner en práctica la gloria individual que Dios creó en cada uno de nosotros.

ASCENSO A LA GLORIA

LA LÍNEA DE PARTIDA

LO QUE DIOS TIENE EN EL CORAZÓN PARA TI

Si vas a confiar en Dios para que dirija tu vida, entonces necesitas entender lo que tiene en Su corazón para ti. Por momentos, todos nos preguntamos si le importamos de verdad a Dios.

Lee Isaías 49:15-16 y Sofonías 3:17.

3. Claro, Dios ama a todos porque es Dios. Pero, ¿cuán personal es Su amor por cada uno de Sus hijos (por ti), según Isaías 49:15-16 y Sofonías 3:17?

4. ¿Cómo te hace sentir que Dios te tenga grabado en las palmas de Sus manos, donde siempre te tiene presente?

TU POSICIÓN FAVORECIDA EN EL EQUIPO DE DIOS

Dios les prodiga Su amor a los que ponen su fe en Jesús. Gracias al extremo amor de Dios, tenemos una posición increíble que pocos entendemos, y aun menos aprovechamos. Sin duda, el enemigo quiere mantenerla oculta.

Lee Romanos 8:14-17 y Colosenses 3:1-4.

5. ¿Qué privilegios maravillosos recibe cada uno de nosotros cuando se transforma en hijo de Dios, con todos los privilegios de un primogénito (Romanos 8:14-17 y Colosenses 3:1-4)?

DIOS NOS BUSCA

Ahora sabemos cuánto disfruta Dios de cada uno de nosotros.
Anhela relacionarse profundamente con nosotros y nos ama sin medida.
Ésa es una revelación para muchos.

ASCENSO A LA GLORIA

Lee Cantar de los Cantares 2:8-10.

6. El «amado» de Cantares 2:8-10 se refiere a Dios, y el objeto de Su afecto eres tú. ¿Qué palabras en este poema ilustran el amor de Dios por ti? ¿Cómo se compara esto con tu visión actual del Señor?

Lee Ezequiel 34:12, 15-16.

7. Según Ezequiel 34, ¿cómo trata Dios con nosotros cuando nos perdemos en la neblina o nos confunde la oscuridad de la vida? ¿Cómo se aplican las promesas personales de Dios a nuestros propios problemas, heridas y luchas espirituales?

Dios está encantado contigo, y anhela verte emocionado por vivir con Él. Además, quiere que descanses en Sus brazos, y que recibas consuelo en los momentos en que no puedes buscarlo porque estás cansado, atrapado o en medio de luchas. En esos instantes, ¡Él sigue buscándote!

BUSCAR A DIOS

También tenemos que buscar a Dios para profundizar en nuestra relación con Él.

Lee Salmos 42:1-2; Mateo 7:7-8, 13-14; y 2 Corintios 4:16-18.

8. Cada uno de estos pasajes tiene emoción y pasión; eso es lo que Dios quiere de nuestra parte. ¿Qué pasión fundamental ves en cada uno de estos versículos? ¿Cómo se demuestra?

Salmos 42:1-2 _____
Mateo 7:7-8 _____
Mateo 7:13-14 _____
2 Corintios 4:16-18

9. ¿Cuál es nuestra motivación para seguir avanzando a través de las pruebas de la vida (2 Corintios 4:16-18)? ¿Cómo se comparan las luchas que experimentamos ahora con la realidad oculta que nos espera?

Dios te creó para que tus deseos más profundos solo pudieran satisfacerse mediante una relación personal con Él. Sin duda, podemos emocionarnos y sentir pasión por nuestro equipo preferido o cuando ganamos una competencia. El descubrimiento de las cosas profundas de Dios es una travesía de por vida, que se impulsa con pasión. Pasa mucho tiempo con Dios esta semana, y pregúntale qué siente por ti y qué disfruta de ti.

8 ACEPTA EL DESAFÍO

¿CUÁL ES MI PAPEL EN LA GRAN COMISIÓN?

Con orgullo, recordamos los logros del pasado. Al final de nuestra travesía, será incluso más satisfactorio mirar atrás y saber que nuestras vidas aportaron algo importante.

1. ¿Cómo crees que te sentirías si te aceptaran en el «Salón de la fama» de tu deporte?

Lee Hebreos 11:30-39 para descubrir el «Salón de la fama» de la fe.

Si permitimos que el temor (al cambio, a lo desconocido, al fracaso, al ridículo, a no seguir a la multitud, a nuestra propia insuficiencia, y a muchas cosas más) determine el curso de nuestras vidas, nos perderemos muchas oportunidades valiosas y satisfactorias. Dios tiene un lugar en Su Salón de la fama de la fe listo para ti.

FUISTE CREADO CON UN PROPÓSITO

Lee Romanos 8:28-30 y 2 Timoteo 1:9.

2. ¿Cuándo estableció Dios tu propósito y tu destino?
   Cada persona salva por la fe en Jesús tiene un propósito eterno.
   ¿Cuál crees que sea el propósito santo de Dios para ti ahora?

ACEPTA EL DESAFÍO

LA GRAN MISIÓN
Nos atraen las historias de obras heroicas y grandes sacrificios porque, como afirma Eclesiastés 3:11, Dios «sembró la eternidad en el corazón humano» (NTV). Fuimos creados con un propósito y un destino eternos, pero nuestro objetivo ahora es unirnos a Jesús en Su misión.

Lee Isaías 61:1-3 para ver la declaración de misión.

3. ¿Cuáles son los elementos clave de la misión de Jesús que destaca este pasaje? Relee Isaías 61:1-3 en voz alta y reemplaza la palabra «mí» con tu nombre.

TU GRAN COMISIÓN
Jesús nos ha invitado a cada uno de nosotros a representar un papel único en Su gran misión. En la iglesia primitiva, la gente empezó a llamar «cristianos» *(pequeños Cristos)* a los seguidores de Jesús.

Lee Mateo 28:18-20.

4. Mateo 28:18-20 registra las palabras finales de Jesús, a menudo llamadas «la Gran Comisión». ¿Qué gran tarea nos encomendó el Señor? ¿Cuál tiene que ser nuestro enfoque como Sus discípulos?

Lee Hebreos 12:1-3 y 1 Pedro 3:13-15.

5. La gente no llega al Salón de la fama sentado en el banco de suplentes. ¡Se lanzan y se arriesgan! ¿Qué características de un ganador ves en Hebreos 12:1-3 y 1 Pedro 3:13-15?

Todo atleta que sigue a Jesús tiene una historia única; no hay dos iguales. Tu historia impactará a las personas que nadie más puede alcanzar.

SI ESTÁS LISTO PARA UNA AVENTURA EXTREMA Y UNA OPORTUNIDAD DE UNA VEZ EN LA VIDA, ¡ACEPTA LA INVITACIÓN DE JESÚS DE UNIRTE A SU MISIÓN!

¿ACEPTAS EL DESAFÍO?

TU NUEVA IDENTIDAD EN CRISTO

*Por lo tanto, si alguno está en Cristo, es una nueva creación.
¡Lo viejo ha pasado, ha llegado ya lo nuevo!*
–2 Corintios 5:17

¡Qué buena noticia! Si crees en Cristo, fuiste hecho de nuevo, y lo siguiente es una verdad en tu vida:

ERES UNA NUEVA CREACIÓN

- Fuiste crucificado con Cristo. En el sentido espiritual, ya no vives, sino que Cristo vive en ti. La vida que vives ahora es la de Cristo (Gálatas 2:20).
- Espiritualmente, moriste con Cristo y estás muerto al poder del pecado sobre tu vida (Romanos 6:1-7).
- Tienes la mente de Cristo (1 Corintios 2:16).
- Cristo mismo vive en ti (Colosenses 1:27).
- Todos tus pecados fueron perdonados. La deuda del pecado que tenías fue cancelada (Colosenses 1:13-14).
- Estamos completos en Cristo (Colosenses 2:10).
- Has recibido un espíritu de poder, de amor y de dominio propio (2 Timoteo 1:7).

TE HAN ACEPTADO

- Eres el hijo de Dios (Juan 1:12).
- Eres el amigo de Dios (Juan 15:15).
- Estás unido a Cristo y eres uno con Él en espíritu (1 Corintios 6:17).
- Fuiste comprado por un precio. Le perteneces a Dios (1 Corintios 6:19-20).
- Eres miembro del cuerpo de Cristo (1 Corintios 12:27).
- Eres santo y sin mancha (Efesios 1:4).
- Fuiste adoptado como hijo de Dios (Efesios 1:5).
- Tienes acceso directo a Dios mediante el Espíritu Santo (Efesios 2:18).
- Puedes acercarte a Dios con libertad y confianza (Efesios 3:12).

TIENES SEGURIDAD

- Estás libre para siempre de toda condenación (Romanos 8:1).
- Puedes estar seguro de que Dios dispone todas las cosas para bien en tu vida (Romanos 8:28).
- Nada puede separarte del amor de Dios (Romanos 8:35-39).
- Estás escondido con Cristo en Dios (Colosenses 3:3).
- Dios completará la buena obra que empezó en ti (Filipenses 1:6).
- Eres ciudadano del cielo (Filipenses 3:20).
- Puedes encontrar gracia y misericordia en tiempos de necesidad (Hebreos 4:16).
- Has nacido de Dios, y el maligno no puede tocarte (1 Juan 5:18).

ERES VALIOSO

- Eres la sal y la luz de la Tierra (Mateo 5:13-16).
- Eres una rama de la vid verdadera, un canal de Su vida (Juan 15:5).
- Fuiste escogido y se te encargó llevar fruto (Juan 15:16).
- Eres un testigo personal de Cristo (Hechos 1:8).
- Eres el templo de Dios (1 Corintios 3:16).
- Estás sentado con Cristo en regiones celestiales (Efesios 2:6).
- Eres la «obra de arte» de Dios, creado para hacer buenas obras (Efesios 2:10).
- Todo lo puedes en Cristo que te fortalece (Filipenses 4:13).

Adaptado de *Living Free in Christ* [Vivir libre en Cristo] y *Victory Over the Darkness* [Victoria sobre la oscuridad], del Dr. Neil Anderson

CÓMO PARTICIPAR EN LA FCA

FCA.org

FCA CAMPS
fcacamps.org

FIELDS OF FAITH
fieldsoffaith.com

FCAResources.com

facebook.com/FCAfans

twitter.com/fcanews

www.fca.org/fca-magazine

fcacoachesacademy.com

MINISTERIO PARA ENTRENADORES:
Los entrenadores son fundamentales para la FCA. La función de la FCA es ministrarles al conectarlos con Cristo, con otros entrenadores y ayudarlos a relacionar la Biblia con su enseñanza. Entra en *www.r12Coach.com* para comenzar «r12Coach», el proceso de la FCA de discipulado para entrenadores.

MINISTERIO DEL CAMPUS:
Este ministerio fue iniciado y está conducido por deportistas estudiantes y entrenadores en escuelas secundarias, preparatorias y universidades. Campus 101 es una herramienta ministerial en línea diseñada para darle a cada atleta, entrenador y voluntario un lugar para descubrir más sobre el ministerio del campus de la FCA. Entra en *FCACampus101.com* para prepararte, conectarte y crecer con otros compañeros de equipo de la FCA.

MINISTERIO DE CAMPAMENTOS:
Los campamentos son un tiempo de «inspiración y transpiración» para que los deportistas y los entrenadores alcancen su potencial, al ofrecerles un completo entrenamiento deportivo, espiritual y de liderazgo. Hay varias clases de campamentos: campamentos deportivos, de liderazgo, para entrenadores, de impulso, de asociación, de equipo y campamentos internacionales. Entra en *www.FCACamps.org* para descubrir todo lo que necesitas saber para asistir a un campamento.

MINISTERIO DE LA COMUNIDAD:
Los ministerios de la FCA que no están basados en las escuelas alcanzan a la comunidad mediante asociaciones con las iglesias locales, negocios, padres y voluntarios. Estos ministerios permiten que la comunidad invierta en los deportistas y los entrenadores.

La visión de la FCA: impactar al mundo para Jesucristo mediante la influencia de los entrenadores y los deportistas

Para preguntas generales sobre la FCA y sobre cómo encontrar personal local de la FCA, visita www.FCA.org o llama al 1-800-289-0909.

¡TOMÉ EL COMPROMISO!

Acepté el desafío de esforzarme por alcanzar la excelencia como atleta estudiante, escogiendo el estilo de vida de Una sola manera de jugar: ¡libre de drogas!

LA FE EN JESUCRISTO

Creemos que Cristo nos perdona, nos da sabiduría para tomar buenas decisiones y la fortaleza para llevarlas a cabo.

COMPROMISO PARA DECIR «¡NO!» AL ALCOHOL Y LAS DROGAS

Prometemos mantenernos firmes en nuestro compromiso y ayudar a otros a ser fuertes.

RENDICIÓN DE CUENTAS MUTUA

En forma habitual, nos haremos unos a otros las cinco preguntas difíciles.

LAS CINCO PREGUNTAS DIFÍCILES:

1. ¿Estás viviendo y jugando libre de alcohol y de drogas?
2. ¿Estás alentando a los demás a vivir y a jugar de esa manera?
3. ¿Abres el corazón al menos con una persona madura respecto a tus sentimientos y tentaciones?
4. ¿Confías en Cristo para satisfacer tus necesidades?
5. ¿Lo estás honrando con tus pensamientos, palabras y acciones?

Yo, _____
(nombre)

hice mi compromiso de
UNA SOLA MANERA DE JUGAR: ¡LIBRE DE DROGAS!

el _____ (fecha)

LA LÍNEA DE PARTIDA

www.ingramcontent.com/pod-product-compliance
Lightning Source LLC
Chambersburg PA
CBHW062206080426
42734CB00010B/1817